一人で学ぶ韓国語

혼자서 배우는 한국어

崔 ソヒョン 著

白帝社

WEB上での音声ファイルダウンロードについて

■『一人で学ぶ韓国語』の音声ファイル(MP3)を無料でダウンロードすることができます。
「白帝社」で検索、または下記サイトにアクセスしてください。
http://www.hakuteisha.co.jp/audio/kankokugo_hitori.html
■本文中の🎧マークの箇所が音声ファイル(MP3)提供箇所です。ファイルはZIP形式で圧縮された形でダウンロードされます。
■本書と音声は著作権法で保護されています。

ご注意
＊音声の再生には、MP3ファイルが再生できる機器などが別途必要です。
＊ご使用機器、音声再生ソフトに関する技術的なご質問は、ハードメーカー、ソフトメーカーにお問い合わせください。

はじめに

『一人で学ぶ韓国語』は、はじめて韓国語を学ぶ初心者を対象とした入門書です。大学や高校、語学学校などで授業用のテキストとして、基礎から効率的に学習ができ、理解できるように工夫をしました。また、一人でも学習ができるように文法を分かりやすく、詳細に説明しました。この点は他のテキストにはない魅力の1つです。

本テキストは、最初に韓国事情と文字を学習し、次により韓国語を理解し、学習できるように組み立てられています。すなわち、入門段階で必要とされる文字と発音、基礎的な文法と分かりやすい表現を選び、学習者が無理なく段階的に学習できるように20課に分けています。

各課には本文、日常生活でよく使う会話、語彙、文法、そのまま覚えると役に立つ例文、練習問題、各課のキーポイントを設けています。また、イラストで表した関係単語を提示して、学習者の理解を助けるようしています。巻末には文法活用表、本文の文法まとめ、助詞のまとめを入れ、学習を補助しています。さらに、「単語ノート」は、本テキストに出てきた単語を「가나다」順と「あいうえお」順で整理し、辞書代わりに使えるようにしています。これらのことはこのテキストのもう1つの魅力です。

本テキストが皆様と韓国語との素敵な出会いの場となりますように願っております。あとは、あなたの意欲にかかっています。本テキストの順序に従って学習していただければ、韓国語の基本がしっかりと身につき、ゆるぎない自信が芽生えることと確信しています。このテキストの学習が終わった後には、韓国語ができるということを実感できるようになるでしょう。

外国語学習において大切なことは、まずその言葉の文字とその文字の発音を覚えることです。文字と発音を修得できるか否かが、その後の学習の成否を決めますので、十分に時間をかけて必ず大きな声で読む練習と書く練習をくりかえしてやるようにしてください。粘り強く50回もくりかえせば、すらすらと発音できるようになるし、文字も書けるようになります。

外国語を学習することは、言葉を覚えることだけにとどまらず、その国を理解するための手段でもあります。本テキストとの出会いをきっかけに韓国語の上達はもちろん、韓国に対する興味と理解がより広く、深くなることを心から願っております。本テキストで基本をしっかり学習され、韓国と韓国語の知識を持った仲間の一員に加われることを心から願っております。

本テキストの作成に際し、様々な方々のお世話になりました。特に、今回の出版を可能にしてくださった白帝社の伊佐順子氏に心から厚く感謝の意を表します。

崔 ソヒョン(崔 瑞玹)

日本語の「仮名」のハングル表記

あ行		아	ぁ	이	ぃ	우	ぅ	에	ぇ	오	ぉ
か行	語頭	가	か	기	き	구	く	게	け	고	こ
	語中	카	か	키	き	쿠	く	케	け	코	こ
が行		가	が	기	ぎ	구	ぐ	게	げ	고	ご
さ行		사	さ	시	し	스	す	세	せ	소	そ
ざ行		자	ざ	지	じ	즈	ず	제	ぜ	조	ぞ
た行	語頭	다	た	지	ち	쓰	つ	데	て	도	と
	語中	타	た	치	ち	쓰	つ	테	て	토	と
だ行		다	だ	지	ぢ	즈	づ	데	で	도	ど
な行		나	な	니	に	누	ぬ	네	ね	노	の
は行		하	は	히	ひ	후	ふ	헤	へ	호	ほ
ば行		바	ば	비	び	부	ぶ	베	べ	보	ぼ
ぱ行		파	ぱ	피	ぴ	푸	ぷ	페	ぺ	포	ぽ
ま行		마	ま	미	み	무	む	메	め	모	も
や行		야	や			유	ゆ			요	よ
ら行		라	ら	리	り	루	る	레	れ	로	ろ
わ行		와	わ							오	を
きゃ行	語頭	갸	きゃ			규	きゅ			교	きょ
	語中	캬	きゃ			큐	きゅ			쿄	きょ
ぎゃ行		갸	ぎゃ			규	ぎゅ			교	ぎょ
しゃ行		샤	しゃ			슈	しゅ			쇼	しょ
じゃ行		자	じゃ			주	じゅ			죠	じょ
ちゃ行	語頭	자	ちゃ			주	ちゅ			조	ちょ
	語中	차	ちゃ			추	ちゅ			초	ちょ
にゃ行		냐	にゃ			뉴	にゅ			뇨	にょ
ひゃ行		햐	ひゃ			휴	ひゅ			효	ひょ
びゃ行		뱌	びゃ			뷰	びゅ			뵤	びょ
ぴゃ行		퍄	ぴゃ			퓨	ぴゅ			표	ぴょ
みゃ行		먀	みゃ			뮤	みゅ			묘	みょ
りゃ行		랴	りゃ			류	りゅ			료	りょ

✏ ハングル表記のポイント

① 長母音は表記しません。
   例 神戸(こうべ) → 고베   大分(おおいた) → 오이타   九州(きゅうしゅう) → 규슈

② 促音「っ」はパッチム「ㅅ」を、「ん」はパッチム「ㄴ」で表記されます。
   例 鳥取(とっとり) → 돗토리   札幌(さっぽろ) → 삿포로   群馬(ぐんま) → 군마

③ 「か、た」の行は、語頭では「平音のㄱ,ㄷ」で、語中では「激音のㅋ,ㅌ」で表記します。
   例 神奈川(かながわ) → 가나가와   徳島(とくしま) → 도쿠시마

④ 「す」は「스」、「つ」は「쓰」、「ず」と「づ」は「즈」で表記し、また、「ちゃ」は「차」、「ちゅ」が「추」、「ちょ」が「초」で表記されます。
   例 松山(まつやま) → 마쓰야마   静岡(しずおか) → 시즈오카

☑ 自分の名前と出身地をハングルで書いてみよう。
   ● お名前　_____
   ● 出身地　_____

反 切 表

基本子音 \ 基本母音	ㅏ [a]	ㅑ [ja]	ㅓ [ɔ]	ㅕ [jɔ]	ㅗ [o]	ㅛ [jo]	ㅜ [u]	ㅠ [ju]	ㅡ [ɯ]	ㅣ [i]	合成母音
ㄱ [k/g]	가 カ/ガ	갸 キャ/ギャ	거 コ/ゴ	겨 キョ/ギョ	고 コ/ゴ	교 キョ/ギョ	구 ク/グ	규 キュ/ギュ	그 ク/グ	기 キ/ギ	ㅐ [ɛ]
ㄴ [n]	나 ナ	냐 ニャ	너 ノ	녀 ニョ	노 ノ	뇨 ニョ	누 ヌ	뉴 ニュ	느 ヌ	니 ニ	ㅒ [jɛ]
ㄷ [t/d]	다 タ/ダ	댜 ティャ/ディャ	더 ト/ド	뎌 ティョ/ディョ	도 ト/ド	됴 ティョ/ディョ	두 トゥ/ドゥ	듀 テュ/デュ	드 トゥ/ドゥ	디 ティ/ディ	ㅔ [e]
ㄹ [r/l]	라 ラ	랴 リャ	러 ロ	려 リョ	로 ロ	료 リョ	루 ル	류 リュ	르 ル	리 リ	ㅖ [je]
ㅁ [m]	마 マ	먀 ミャ	머 モ	며 ミョ	모 モ	묘 ミョ	무 ム	뮤 ミュ	므 ム	미 ミ	ㅘ [wa]
ㅂ [p/b]	바 パ/バ	뱌 ピャ/ビャ	버 ポ/ボ	벼 ピョ/ビョ	보 ポ/ボ	뵤 ピョ/ビョ	부 プ/ブ	뷰 ピュ/ビュ	브 プ/ブ	비 ピ/ビ	ㅙ [wɛ]
ㅅ [s,ʃ]	사 サ	샤 シャ	서 ソ	셔 ショ	소 ソ	쇼 ショ	수 ス	슈 シュ	스 ス	시 シ	ㅚ [we]
ㅇ [無音/ŋ]	아 ア	야 ヤ	어 オ	여 ヨ	오 オ	요 ヨ	우 ウ	유 ユ	으 ウ	이 イ	ㅝ [wɔ]
ㅈ [tʃ/dʒ]	자 チャ/ジャ	쟈 チャ/ジャ	저 チョ/ジョ	져 チョ/ジョ	조 チョ/ジョ	죠 チョ/ジョ	주 チュ/ジュ	쥬 チュ/ジュ	즈 チュ/ジュ	지 チ/ジ	ㅞ [we]
ㅊ [tʃʰ]	차 チャ	챠 チャ	처 チョ	쳐 チョ	초 チョ	쵸 チョ	추 チュ	츄 チュ	츠 チュ	치 チ	ㅟ [wi]
ㅋ [kʰ]	카 カ	캬 キャ	커 コ	켜 キョ	코 コ	쿄 キョ	쿠 ク	큐 キュ	크 ク	키 キ	ㅢ [ɯi]
ㅌ [tʰ]	타 タ	탸 ティャ	터 ト	텨 ティョ	토 ト	툐 ティョ	투 トゥ	튜 テュ	트 トゥ	티 ティ	
ㅍ [pʰ]	파 パ	퍄 ピャ	퍼 ポ	펴 ピョ	포 ポ	표 ピョ	푸 プ	퓨 ピュ	프 プ	피 ピ	
ㅎ [h]	하 ハ	햐 ヒャ	허 ホ	혀 ヒョ	호 ホ	효 ヒョ	후 フ	휴 ヒュ	흐 フ	히 ヒ	
ㄲ [ʔk]	까 (ッ)カ	꺄 (ッ)キャ	꺼 (ッ)コ	껴 (ッ)キョ	꼬 (ッ)コ	꾜 (ッ)キョ	꾸 (ッ)ク	뀨 (ッ)キュ	끄 (ッ)ク	끼 (ッ)キ	
ㄸ [ʔt]	따 (ッ)タ	땨 (ッ)ティャ	떠 (ッ)ト	뗘 (ッ)ティョ	또 (ッ)ト	뚀 (ッ)ティョ	뚜 (ッ)トゥ	뜌 (ッ)テュ	뜨 (ッ)トゥ	띠 (ッ)ティ	
ㅃ [ʔp]	빠 (ッ)パ	뺘 (ッ)ピャ	뻐 (ッ)ポ	뼈 (ッ)ピョ	뽀 (ッ)ポ	뾰 (ッ)ピョ	뿌 (ッ)プ	쀼 (ッ)ピュ	쁘 (ッ)プ	삐 (ッ)ピ	
ㅆ [ʔs]	싸 (ッ)サ	쌰 (ッ)シャ	써 (ッ)ソ	쎠 (ッ)ショ	쏘 (ッ)ソ	쑈 (ッ)ショ	쑤 (ッ)ス	쓔 (ッ)シュ	쓰 (ッ)ス	씨 (ッ)シ	
ㅉ [ʔtʒ]	짜 (ッ)チャ	쨔 (ッ)チャ	쩌 (ッ)チョ	쪄 (ッ)チョ	쪼 (ッ)チョ	쬬 (ッ)チョ	쭈 (ッ)チュ	쮸 (ッ)チュ	쯔 (ッ)チュ	찌 (ッ)チ	

あいさつのことば (인사말)

会った時

おはようございます。こんにちは。こんばんは。
　　안녕하세요?/안녕하십니까?
初めまして。
　　처음 뵙겠습니다.
お久しぶりです。
　　오래간만이에요./오래간만입니다.
お会いできて嬉しいです。
　　만나서 반갑습니다.
よろしくお願いします。
　　잘 부탁합니다.

別れる時

また会いましょう。
　　또 만나요.
さようなら。(去っていく人に)
　　안녕히 가세요.
さようなら。(残っている人に)
　　안녕히 계세요.

食事の時

いただきます。
　　잘 먹겠습니다.
どうぞ召し上がってください。
　　많이 드세요.
ご馳走様でした。
　　잘 먹었습니다.
美味しいです。
　　맛있어요.

その他

お元気でしたか。
　　잘 지내셨어요?
ありがとうございます。
　　감사합니다. 고맙습니다.
すみません。
　　미안합니다.
どういたしまして。
　　천만에요./아니에요./별말씀을요.
おめでとうございます。
　　축하해요./축하합니다.
ちょっと待ってください。
　　잠깐만 기다리세요.
面白かったです。
　　재미있었어요./재미있었습니다.
楽しかったです。
　　즐거웠어요./즐거웠습니다.
はい、分かりました。
　　네, 알겠습니다.
ご苦労さまでした。
　　수고하셨습니다.
新年おめでとうございます。
　　새해 복 많이 받으세요.

失礼します。
　　실례합니다.
いらっしゃいませ。
　　어서 오세요.
大丈夫です。構いません。
　　괜찮아요.

いいえ、分かりません。
　　아뇨, 잘 모르겠습니다.

目 次

第1課 韓国事情とハングル ·· 1
第2課 基本母音字10個 ·· 7
第3課 基本子音字14個 ·· 9
第4課 合成母音字(複合母音字)11個 ·· 12
第5課 合成子音字(濃音:二重子音)5個 ··· 14
第6課 パッチム(終声) ·· 16
第7課 저는 미야케 하루라고 합니다.(私は三宅　春と申します) ···················· 18
    1. ～は 　～는 / 은
    2. ～です・～ですか 　～입니다 / 입니까?・～예요(?) / 이에요(?)
    3. ～と申します・～と言います 　～(이)라고 합니다
    ✔ 鼻音化
    💡 趣味(취미)の単語を覚えましょう ·· 25

第8課 회사원이 아닙니다.(会社員ではありません) ······································ 26
    1. ～ではありません 　～가/이 아닙니다 　～가/이 아니에요
    　 ～ではありませんか 　～가/이 아닙니까? 　～가/이 아니에요?
    2. ～で 　～에서
    3. ～を 　～를/을
    4. ～も 　～도
    ✔ 連音化 / ✔ 口蓋音化
    💡 場所(장소)の単語を覚えましょう ·· 34

第9課 지금 어디에 갑니까?(今、どこに行きますか) ····································· 35
    1. ～ます・です/～ますか・ですか 　ㅂ니다/습니다・ㅂ니까?/습니까?
    2. ある・いる/ない・いない 　있다/없다
    3. ～に 　～에
    4. ～が 　～가/이
    ✔ ㄹ語幹用言 / ✔ 有声音化 / ✔ 激音化
    💡 動詞(동사)の単語を覚えましょう ·· 46

第10課 집에서 학교까지 멉니까?(家から学校まで遠いですか) ························ 48
    1. ～くない・～しない 　안/～지 않다
    2. ～から～まで 　～에서～까지/ ～부터～까지
    3. ～より 　～보다
    ✔ 濃音化
    💡 身体(신체)の単語を覚えましょう ·· 56

第11課 이 포도는 만 원입니다.(このブドウは1万ウォンです) ························ 57
    1. 漢字語数詞 　한자어수사
    2. 固有語数詞 　고유어수사
    3. 指示代名詞 　지시대명사
    4. ～と 　～하고/~와, 과/~랑, 이랑
    ✔ ㄴの添加
    💡 毎月14日は恋人記念日(매월 14일은 연인의 기념일)の単語を覚えましょう ············ 68

第12課 저 분이 오카자키 선생님이십니까?(あの方が岡崎先生でいらっしゃいますか) ········ 69
    1. ～られる・お～になる・～でいらっしゃる 　～(으)시다/~(으)세요(?)・~(이)시다~(이)세요(?)
    2. ～して・～くて 　～고
    3. ～の 　～의
    ✔ 流音化
    💡 家族の呼称(가족호칭)の単語を覚えましょう ·· 77

第13課 좀 비싸요. 깎아 주세요.(ちょっと、高いです。負けてください)······· 79
1. ～ます・～です/～ますか・ですか ～아요(?)/어요(?)/해요(?)
2. ～てください ～아/어/해 주세요
3. ～します ～(으)ㄹ게요
✔ 으/르/러不規則用言 / ✔ ㅎ弱化 / ✔ 頭音法則
🔍 食べ物(음식)の単語を覚えましょう ········· 90

第14課 한국어는 어렵지만 재미있어요.(韓国語は難しいけれども面白いです)······· 91
1. ～くて・～して・～ので ～아서/어서/해서
2. ～が、～けれども ～지만
3. ～で ～(으)로
✔ ㅅ不規則用言
🔍 形容詞の反対語(형용사의 반대어)を覚えましょう ········· 98

第15課 한국 노래를 부를 수 있어요?(韓国の歌を歌えますか)······· 100
1. ～することができる ～(으)ㄹ 수 있다 ～することができない ～(으)ㄹ 수 없다
2. ～できない 못/～지 못하다
3. ～しに ～(으)러
✔ ㄷ不規則用言
🔍 家事と生活(집안 일과 생활)の単語を覚えましょう ········· 107

第16課 한국 요리를 좋아해요?(韓国の料理が好きですか)······· 108
1. ～が好きだ ～를/을 좋아하다 ～が嫌いだ ～를/을 싫어하다
2. ～する時 ～(으)ㄹ 때
3. ～したい ～고 싶다
✔ ㅂ不規則用言
🔍 職業(직업)の単語を覚えましょう ········· 114

第17課 어제 뭐 했어요?(昨日何をしましたか)······· 116
1. ～しました・～かったです/～しましたか・～かったですか ～았어요(?)/었어요(?)/했어요(?)
2. ～から、～ので ～(으)니까
3. ～しましょう (으)ㅂ시다
✔ ㅎ不規則用言
🔍 季節(계절)の単語を覚えましょう ········· 126

第18課 삼겹살을 먹은 적이 있어요?(サムギョプサルを食べたことがありますか)······· 127
1. ～たことがある ～(으)ㄴ 적이 있다 ～たことがない ～(으)ㄴ 적이 없다
2. ～しながら ～(으)면서
3. ～ましょうか ～(으)ㄹ까요?
🔍 果物(과일)の単語を覚えましょう ········· 133

第19課 지금 뭐 하고 있어요?(今、何をしていますか)······· 135
1. ～してみる ～아/어/해 보다
2. ～している ～고 있다
🔍 小物・生活雑貨(소지품, 생활잡화)の単語を覚えましょう ········· 140

第20課 언제 한국에 올 거예요?(いつ韓国へ来るつもりですか)······· 141
1. ～する・～だ・～だろう ～겠
2. ～するつもりです・～でしょう ～(으)ㄹ 거예요(?)
🔍 日常生活(일상생활)の単語を覚えましょう ········· 146

✎ 文法活用表 ········· 148   単語ノート(韓→日) ········· 153
✎ 本文の文法まとめ ········· 150   単語ノート(日→韓) ········· 166
✎ 助詞のまとめ ········· 152

第1課　韓国事情とハングル

(1) 韓国の事情

　韓国は日本と同じく温帯性気候帯に位置しており、春・夏・秋・冬(봄・여름・가을・겨울)の四季の美しい移り変わりがはっきりしています。

　また、韓国は儒教精神の思想が生き続けている国であり、現在も儒教の持つ道徳観、規範、価値観が韓国の人々の考え方に深く根を下ろしています。すなわち、お年寄りや年長者、社会的地位の高い人への尊敬の意識、家族を大切にするなどの儒教の考え方が現代の韓国社会に残っています。

韓国の基本情報(한국의 기본 정보)

- 国　名(국명)：大韓民国・韓国(대한민국(テ ハンミングク)・한국(ハングク)) (The Republic of Korea)
- 首　都(수도)：ソウル特別市(서울특별시) (2016年人口：約1000万)
- 国　旗(국기)：太極旗(태극기)
- 国　花(국화)：無窮花(ムクゲ) (무궁화)
- 国　歌(국가)：愛国歌(애국가)
- 言　語(언어)：韓国語(한국어)、文字はハングル(한글)
- 民　族(민족)：韓民族(한민족)
- 教　育(교육)：小学校(초등학교6년)、中学校(중학교3년)、高等学校(고등학교3년)、
　　　　　　　専門大学(전문대학2년)、大学(대학교4년)、大学院修士(대학원 석사2년)、
　　　　　　　大学院博士(대학원 박사3년)
- 宗　教(종교)：仏教(불교)・プロテスタント(프로테스탄)・カトリック(카톨릭)
- 面　積(면적)：総面積は223,405㎢ (韓国は約10万㎢) (北緯33〜43度、東経124〜132度)
- 衣・食・住(의식주)：韓服(한복)・白米のご飯 (쌀밥)・オンドル(온돌：床暖房の一種)また、
　　　　　　　　　　キムチ、コチュジャン、唐辛子は韓国人が生きるのに欠かせないもの
- 国際電話番号(국제전화번호)：+82
- 人　口(인구)：5,155万人(2024年)
- 通　貨(통화)：韓国ウォン(원：KRW)
　　　　　　　紙幣は5万、1万、5000、1000ウォンの4種類
　　　　　　　硬化は500、100、50、10、5、1ウォンの6種類
- 徴兵制度(징병제도)：徴兵に応じることは男子の義務(陸・海・空)
- 主な企業(주요 기업)：サムスン電子・LG電子・SK・ポスコ・現代自動車

韓国人の姓氏 (한국인의 성씨)

　韓国人の姓は300余りあります。日本と同じで、前に姓がきて名前は後に続きます。

　韓国では姓氏の種類は多くなく、韓国人の姓には金さん、李さん、朴さんが多いので、ソウルの南山タワーの上から石を投げると金さん、李さん、朴さんのいずれかに当たるというジョークがあります(約50%)。また、本貫(ホンガン：본관始祖の出身地)という姓の発祥地(例：金海金氏)を大切にしており、韓国人のほとんどは、家族単位で一族のルーツを記録した族譜(チョッポ：족보)を持っています。結婚した男性と女性は通常結婚前の姓名を維持し、子どもは父親の姓を受け継ぎます。

1. 10大姓

　　김(金)、이(李)、박(朴)、최(崔)、정(鄭)、강(姜)、조(趙)、윤(尹)、장(張)、임/림(林)

2. 10大姓以外

　　고(高)、권(權)、남(南)、노/로(盧)、문(文)、배(裵)、백(白)、서(徐)、성(成)、손(孫)、송(宋)、신(申)、심(沈)、안(安)、양(梁)、오(吳)、유/류(劉)、유/류(柳)、전(全)、정(丁)、조(曹)、차(車)、하(河)、한(韓)、허(許)、홍(洪)、황(黃)など

3. 二字姓

　　남궁(南宮)、독고(獨孤)、동방(東方)、사공(司空)、서문(西門)、선우(鮮于)、장곡(長谷)、제갈(諸葛)、황보(皇甫)など

(2) ハングルと文字

　ハングル(한글)は韓国語の文字の名称で、「ハングル」の「ハン」は「偉大な」という意味であり、「グル」が「文字」で、「偉大な文字」という意味を持っています。韓国語をハングル語と呼ぶのは間違いです。

　ハングルは1443年に朝鮮王朝第4代目の「世宗大王(세종대왕)」が、漢字の読めない庶民のために学びやすく使いやすい文字を作るため、「集賢殿(집현전)」に学者たちを集めて文字を完成させ、1446年に正式に公布されました。それが「訓民正音(훈민정음)」であり、1900年代に入ってハングルと呼ばれるようになりました。世界的にもその優秀性が認められている表音文字です。

　韓国語の文字は「ハングル」で母音と子音で構成されています。「ハングル」は基本母音10文字、合成母音(複合母音)11文字、基本子音14文字(平音9個、激音5個)、合成子音(濃音：二重子音)5文字の40文字で構成されています。基本文字は24文字あります。日本語の母音は「あいうえお」の5文字ですが、ハングルには母音21文字があります。文字の形は母音が天(・)、地(ー)、人(｜)を基本に作られ、子音を発音する時の舌、歯、喉の形など口の構造を基本として作られています。

韓国語は語順が日本語とほぼ同じで、学びやすい言葉です。
例えば、語順は次の通りです。

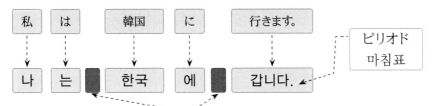

しかし、韓国語は日本語とは異なり、「分かち書き」(띄어쓰기)をします。

分かち書きは1文字分ほど空けることで、「나는 한국에 갑니다.」のように書きます。分かち書きとは、単語ごとに切って書くことをいいます。ただし、助詞や指定詞は前の単語につけて書きます。

ハングルの文字は、子音と母音を上下左右に組み合わせて1音節を書き表す仕組みになっています。語順は日本語とほぼ同じなので、提示されている単語を覚えてしまえば簡単な文章を書くことができます。

辞書を引く方法

「안녕(安寧)」という単語を辞書から探してみましょう。

안(ㅇ→ㅏ→ㄴ)　　　녕(ㄴ→ㅕ→ㅇ)

12		a		3		3		g		12
ㅇ	→	ㅏ	→	ㄴ	→	ㄴ	→	ㅕ	→	ㅇ

① 基本子音の後に濃音

	1	2	3	4	5	6	7	8	9	10	11	12	13	14	15	16	17	18	19
基本子音	ㄱ	ㄴ	ㄷ		ㄹ	ㅁ	ㅂ		ㅅ		ㅇ	ㅈ		ㅊ	ㅋ	ㅌ	ㅍ	ㅎ
		ㄲ		ㄸ			ㅃ		ㅆ			ㅉ						

② 基本母音の後に複合母音

	a	b	c	d	e	f	g	h	i	j	k	l	m	n	o	p	q	r	s	t	u
基本母音	ㅏ	ㅑ		ㅓ		ㅕ		ㅗ			ㅛ	ㅜ						ㅠ	ㅡ		ㅣ
		ㅐ		ㅒ		ㅔ		ㅖ	ㅘ	ㅙ	ㅚ				ㅝ	ㅞ	ㅟ			ㅢ	

③ 子音字(初声)＋母音字(中声)＋子音字(終声：パッチム)です。

終声の子音字が2つある場合には左側の子音字、次は右の子音字の順に引きます。

1	2	3	4	5	6	7	8	9	10	11	12	13	14	15	16
ㄱ			ㄴ			ㄷ		ㄹ							
	ㄲ	ㄳ		ㄵ	ㄶ		ㄸ		ㄺ	ㄻ	ㄼ	ㄽ	ㄾ	ㄿ	ㅀ

左側の子(終声：(パッチム

17	18	19	20	21	22	23	24	25	26	27	28	29	30
ㅁ	ㅂ			ㅅ		ㅇ	ㅈ		ㅊ	ㅋ	ㅌ	ㅍ	ㅎ
		ㅃ	ㅄ		ㅆ			ㅉ					

右側の子(終声：(パッチ

(3) ハングルの組み合わせ

韓国語の文字は子音と母音を組み合わせて作られています。文字を作るときは必ず「子音(初声：초성)＋母音(中声：중성)」、あるいは「子音(初声)＋母音(中声)＋子音(終声：종성パッチム(받침))」の形になります。最初に出る子音は初声(초성)、次の母音が中声(중성)、最後に文字を支える子音が終声(종성パッチム(받침))となります。

下の図を見ると理解しやすいでしょう。　例 (日本：일본)

📝 書き順は左から右へ、上から下の方へ書きます。

☑ 分かち書きの解説(띄어쓰기 해설)

韓国語では文の各単語は単語単位で分かち書きすることを原則とします。文字を書く際、単語の間に単語1文字分のスペースを空けることを分かち書きと言います。ただし、助詞は続けて書きます。■は分かち書きです。

　例 나는■대학생입니다.(私は大学生です)

1. 助詞は前の単語単位別につけて書き、助詞の後は分かち書き。
　　오늘은■생일입니다.(今日は誕生日です)
2. 依存名詞は分かち書き。
　　아빠■것은■이것이다.(父のものはこれです)
　　저것은■형■것이다.(あれが兄のものです)

3. 副詞、疑問詞、感嘆詞は分かち書き。

   아주 예쁩니다 (とてもきれいです)、왜 갑니까? (なぜ行きますか)

   어떡하지 (どうしよう)

   ☑ ただし、単語単位別の分かち書きも可能です。

4. 助数詞は分かち書き。

   한 대 (一台)、두 개 (二つ)、삼 층 (三階)

   ☑ ただ、助数詞が順序を表す場合、あるいは、アラビア数詞の後につく依存名詞は続けて書くことも可能です。

   100원 (100ウォン)、305호 (305号)、5개월 (5ヶ月)

5. 補助用言 (補助動詞、補助形容詞) は分かち書き。

   한국에 가 보았다 (韓国に行ってみた)

   불이 꺼져 간다 (火が消えていく)

   ☑ ただし、場合によっては続けて書くことができます。

   한국에 가보았다 (韓国に行ってみた)

6. 姓名や姓につく呼称語などは分かち書き。

   홍길동 선생 (ホンギルドン先生)、김 박사 (金博士)、강 사장님 (姜社長)

7. 姓名以外の固有語名詞は単語単位別の分かち書きが原則。

   일본 대학 (日本大学)、한국 대학 (韓国大学)

   ☑ ただし、姓と名前を明白に区分する必要がある場合は分かち書きが可能です。

   최 서현 (崔 ソヒョン)

8. 数詞は十進法により分かち書き。

   오억 사천삼백팔십칠만 이천오백육십칠 (5億4387万2567)

9. 2つの語をつないだり並べたりする際に使われる語は分かち書き。

   사과, 배 등등 (リンゴ、ナシなど)、부장 겸 과장 (部長兼課長)

文法用語

- **用言**… 動詞(보다 見る)・形容詞(덥다 暑い)・存在詞(있다 ある・いる / 없다 ない・いない)・指定詞(이다 である / 아니다 違う)。
  用言の基本形は全て「-다」で終わり、活用します。
  語尾を伴って文の述語になります。
  - ✎ 動詞の基本形は、보다(見る) 먹다(食べる)のように「-다」で終わり、事物の動作・存在・状態を表す。
  - ✎ 形容詞の基本形は、많다(多い) 덥다(暑い)のように「-다」で終わり、事物の性質・状態を表す。

- **基本形**… 用言(動詞・形容詞・存在詞・指定詞)。(보다 見る、덥다 暑い、있다 ある・いる、없다 ない・いない、이다 である、아니다 違う)

- **語幹**… 用言の基本形から「-다」を取った残りの部分。　　보다(見る)
  - ✎ 母音語幹…語幹が母音で終わっているもの。　　마시다(飲む)
  - ✎ 子音語幹…語幹が子音で終わっているもの。　　덥다(暑い)
  - ✎ ㄹ語幹用言…語幹が子音のㄹで終わっている用言。　살다(住む)

- **語尾**… 用言の基本形の「-다」の部分、すなわち、活用によって変化する単語の語末の部分。　보다(見る)

- **体言**… 名詞・代名詞・数詞文であり、主語や目的語になります。
  - ✎ 母音体言…最後音節が母音で終わる体言。　나라(国) 다리(橋) 모자(帽子)
  - ✎ 子音体言…最後音節が子音で終わる体言。　한국(韓国) 일본(日本)

- **助詞**… 体言、他の助詞・語尾に接続し、用言と体言との様々な関係を表します。
  (〜は:는/은、〜が:가/이、〜を:를/을、〜の:의)

- **副詞**… 活用せず、動詞や形容詞、他の副詞を修飾します。　매우(とても)

- **陽母音**… 母音字のうち、「ㅏ, ㅐ, ㅑ, ㅒ, ㅗ, ㅘ, ㅚ, ㅛ」のこと。
  語感が軽くて明るい感じの音。

- **陰母音**… 陽母音以外の母音字「ㅓ, ㅔ, ㅕ, ㅖ, ㅙ, ㅜ, ㅝ, ㅞ, ㅟ, ㅠ, ㅡ, ㅢ, ㅣ」のこと。
  重くて暗い感じの音。

- **敬語**… 丁寧な言い方。動詞・形容詞・存在詞の語幹に
  パッチムが有る場合+으시다　읽다(読む) ➡ 읽으시다(お読みになる)
  パッチムがない場合+시다　보다(見る) ➡ 보시다(ご覧になる)

| 崔(チェ)先生、こんにちは。 | 최 선생님 안녕하십니까? |
| はい、こんにちは。 | 네, 안녕하세요? |

第2課 基本母音字(기본모음)10個

母音字は基本母音10個と合成母音11個に分けられます。以下は基本母字10個です。

1	ㅏ	[a]	日本語の「ア」とほぼ同じ発音。
2	ㅑ	[ja]	日本語の「ヤ」とほぼ同じ発音。
3	ㅓ	[ɔ]	口を軽く開け、唇を丸めずに「オ」と発音。
4	ㅕ	[jɔ]	唇を丸めないで「ヨ」と発音。
5	ㅗ	[o]	唇をきちんと丸めて「オ」と発音。

次の単語を発音しながら書いてみましょう。

❶
| 아기 | 赤ん坊 | 아니다 | ～ではない | 아버지 | お父さん |
| 아기 | | 아니다 | | 아버지 | |

❷
| 야구 | 野球 | 야수 | 野獣 | 야채 | 野菜 |
| 야구 | | 야수 | | 야채 | |

❸
| 어디 | どこ | 어머니 | お母さん | 어부 | 漁夫、漁師 |
| 어디 | | 어머니 | | 어부 | |

❹
| 여기 | ここ | 여우 | キツネ | 여자 | 女子 |
| 여기 | | 여우 | | 여자 | |

❺
| 오리 | カモ | 오이 | キュウリ | 오차 | 誤差 |
| 오리 | | 오이 | | 오차 | |

6		[jo]	唇をきちんと丸めて突き出しながら「ヨ」と発音。
7		[u]	唇を強く丸めて「ウ」と発音。
8		[ju]	唇を強く丸めて、日本語の「ユ」と同じく発音。
9		[ɯ]	口を軽く開け、唇を横に引いて「ウ」と発音。
10		[i]	日本語の「イ」とほぼ同じ発音。

次の単語を発音しながら書いてみましょう。

❶
요리	料理	요사이	この間	우표	切手
요리		요사이		우표	

❷
우아	優雅	우리	私たち	우주	宇宙
우아		우리		우주	

❸
우유	牛乳	유도	柔道	유리	ガラス
우유		유도		유리	

❹
으깨다	つぶす	아프다	痛い	이르다	早い、至る
으깨다		아프다		이르다	

❺
이유	理由	이야기	話	이자	利子
이유		이야기		이자	

先生、さようなら。　　선생님 안녕히 계세요.
皆さん！さようなら。　여러분！ 안녕히 가세요.

第3課　基本子音字(기본자음)14個

子音字は基本子音字14個と合成子音字5個(ㄲ, ㄸ, ㅃ, ㅆ, ㅉ)で構成されています。基本子音字は以下のように平音9個(ㄱ, ㄴ, ㄷ, ㄹ, ㅁ, ㅂ, ㅅ, ㅇ, ㅈ)と激音5個(ㅊ, ㅋ, ㅌ, ㅍ, ㅎ)に分けられます。

❶ 平音

平音	ㄱ	기역[ギヨク]	[k/g] (平音)	舌の付け根の部分と喉を使って発音。日本語の「カ行」とほぼ同じ。								
		가	야	거	겨	고	교	구	규	그	기
		[ka]	[kja]	[kɔ]	[kjɔ]	[ko]	[kjo]	[ku]	[kju]	[kɯ]	[ki]

平音	ㄴ	니은[ニウン]	[n] (鼻音)	舌先を上の歯の裏につけて発音。日本語の「ナ行」とほぼ同じ。								
		나	냐	너	녀	노	뇨	누	뉴	느	니
		[na]	[nja]	[nɔ]	[njɔ]	[no]	[njo]	[nu]	[nju]	[nɯ]	[ni]

平音	ㄷ	디귿[ディグッ]	[t/d] (平音)	舌先を上の歯茎にあてて軽くはじきながら発音。語頭では「t」、語中、語末では「d」で発音。								
		다	댜	더	뎌	도	됴	두	듀	드	디
		[ta]	[tja]	[tɔ]	[tjɔ]	[to]	[tjo]	[tu]	[tju]	[tɯ]	[ti]

平音	ㄹ	리을[リウル]	[r/l] (流音)	舌先を前歯の後ろに当てて軽くはじきながら発音。日本語の「ラ行」とほぼ同じ。								
		라	랴	러	려	로	료	루	류	르	리
		[ra]	[rja]	[rɔ]	[rjɔ]	[ro]	[rjo]	[ru]	[rju]	[rɯ]	[ri]

次の単語を発音しながら書いてみましょう。

ㄱ
가지	ナス	거미	クモ	고구마	サツマイモ
가지		거미		고구마	

ㄴ
나라	国	너구리	タヌキ	노조	労組
나라		너구리		노조	

ㄷ
대나무	竹	도구	道具	다시마	昆布
대나무		도구		다시마	

ㄹ
라디오	ラジオ	러시아	ロシア	로마	ローマ
라디오		러시아		로마	

平音	①↓□→② ③	미음[ミウム]	[m] (鼻音)	日本語の「マ行」とほぼ同じく発音。							
		마	먀	머	며	모	묘	무	뮤	므	미
		[ma]	[mja]	[mɔ]	[mjɔ]	[mo]	[mjo]	[mu]	[mju]	[mɯ]	[mi]

平音	③ ①↓ㅂ→② ④	비읍[ビウプ]	[p/b] (平音)	上下の唇を使って空気を柔らかく破裂させて発音。日本語の「パ行」とほぼ同じく発音。語頭では「p」、語中、語末では「b」で発音。							
		바	뱌	버	벼	보	뵤	부	뷰	브	비
		[pa]	[pja]	[pɔ]	[pjɔ]	[po]	[pjo]	[pu]	[pju]	[pɯ]	[pi]

平音	①ㅅ②	시옷[シオッ]	[s/ʃ] (平音)	日本語の「サ行」とほぼ同じく発音。							
		사	샤	서	셔	소	쇼	수	슈	스	시
		[sa]	[sja]	[sɔ]	[sjɔ]	[so]	[sjo]	[su]	[sju]	[sɯ]	[ʃi]

平音	ㅇ①	이응[イウン]	[ŋ] (無音)	初声では発音しません。終声として使われるときは鼻音の[ŋ]で発音。							
		아	야	어	여	오	요	우	유	으	이
		[a]	[ja]	[ɔ]	[jɔ]	[o]	[jo]	[u]	[ju]	[ɯ]	[i]

平音	①ㅈ②	지읒[ジウッ]	[tʃ/dʒ] (平音)	日本語の「チャ」「チュ」の子音を少し柔らかい感じで発音。							
		자	쟈	저	져	조	죠	주	쥬	즈	지
		[tʃa]	[tʃja]	[tʃɔ]	[tʃjɔ]	[tʃo]	[tʃjo]	[tʃu]	[tʃju]	[tʃɯ]	[tʃi]

次の単語を発音しながら書いてみましょう。

ㅁ	모자	帽子	무시	無視	미녀	美女
	모자		무시		미녀	

ㅂ	바다	海	부자	金持ち	비누	石けん
	바다		부자		비누	

ㅅ	서류	書類	사고	事故	수수료	手数料
	서류		사고		수수료	

ㅇ	야구	野球	어디	どこ	우표	切手
	야구		어디		우표	

ㅈ	저수지	貯水池	조사	調査	주다	あげる
	저수지		조사		주다	

❷ 激音

激音	① ㅊ ③ ② ㅊ ④	치읓[チウッ]	[tɕʰ] (激音)	「チャ、チュ、チョ」を強く息を出しながら発音。						
		차	챠	처	쳐	초	쵸	추	츄	츠	치
		[tɕʰa]	[tɕʰja]	[tɕʰɔ]	[tɕʰjɔ]	[tɕʰo]	[tɕʰjo]	[tɕʰu]	[tɕʰju]	[tɕʰɯ]	[tɕʰi]
激音	① ㅋ ②	키읔[キウク]	[kʰ] (激音)	日本語の「カ行」を強く息を出しながら発音。						
		카	캬	커	켜	코	쿄	쿠	큐	크	키
		[kʰa]	[kʰja]	[kʰɔ]	[kʰjɔ]	[kʰo]	[kʰjo]	[kʰu]	[kʰju]	[kʰɯ]	[kʰi]
激音	① ㅌ ② ③	티읕[ティウッ]	[tʰ] (激音)	日本語の「タ行」を強く息を出しながら発音。						
		타	탸	터	텨	토	툐	투	튜	트	티
		[tʰa]	[tʰja]	[tʰɔ]	[tʰjɔ]	[tʰo]	[tʰjo]	[tʰu]	[tʰju]	[tʰɯ]	[tʰi]
激音	① ㅍ ③ ② ④	피읖[ピウプ]	[pʰ] (激音)	日本語の「パ行」を強く息を出しながら発音。						
		파	퍄	퍼	펴	포	표	푸	퓨	프	피
		[pʰa]	[pʰja]	[pʰɔ]	[pʰjɔ]	[pʰo]	[pʰjo]	[pʰu]	[pʰju]	[pʰɯ]	[pʰi]
激音	① ㅎ ② ③	히읗[ヒウッ]	[h] (激音)	日本語の「ハ行」の子音とほぼ同じ発音。						
		하	햐	허	혀	호	효	후	휴	흐	히
		[ha]	[hja]	[hɔ]	[hjɔ]	[ho]	[hjo]	[hu]	[hju]	[hɯ]	[hi]

📖 次の単語を発音しながら書いてみましょう。

ㅊ	치마	チマ、スカート	추가	追加	치료	治療
	치마		추가		치료	

ㅋ	켜다	(テレビなど)つける	코끼리	象	크다	大きい
	켜다		코끼리		크다	

ㅌ	타다	乗る	토끼	ウサギ	투자	投資
	타다		토끼		투자	

ㅍ	파도	波	포도	ブドウ	표시	表示
	파도		포도		표시	

ㅎ	허리	腰	효도	親孝行	휴가	休暇
	허리		효도		휴가	

ひとこと あいさつ

はじめまして。　　　　　　　처음 뵙겠습니다.
お会いできてうれしいです。　만나서 반갑습니다.
よろしくお願いします。　　　잘 부탁합니다.

第4課 合成母音字(複合母音字)11個

合成母音字は11個で、基本母音字を2つ、または3つを合わせて構成されます。

1	ㅐ	ㅏ+ㅣ	[ɛ]	日本語の「エ」より口をやや大きく開けて「エ」と発音。
2	ㅒ	ㅑ+ㅣ	[jɛ]	「イ」と「エ」を続けて発音。
3	ㅔ	ㅓ+ㅣ	[e]	日本語の「エ」と同じく発音。
4	ㅖ	ㅕ+ㅣ	[je]	「イ」と「エ」を続けて発音。
5	ㅘ	ㅗ+ㅏ	[wa]	日本語の「ワ」と同じく発音。

次の単語を発音しながら書いてみましょう。

❶
개미	アリ	새우	エビ	배추	白菜
개미		새우		배추	

❷
걔	その子	(아이)섀도	(アイ)シャドゥ	얘기	話
걔		섀도		얘기	

❸
가게	店	베개	枕	어제	昨日
가게		베개		어제	

❹
예고	予告	예매	前売り	예비	予備
예고		예매		예비	

❺
과자	菓子	사과	リンゴ	화내다	怒る
과자		사과		화내다	

6		ㅗ+ㅐ	[wɛ]	日本語の「ウェ」と同じく発音。
7		ㅗ+ㅣ	[we]	唇を軽く突き出して「ウェ」と発音。
8		ㅜ+ㅓ	[wɔ]	日本語の「ウォ」と同じく発音。
9		ㅜ+ㅔ	[we]	日本語の「ウェ」と同じく発音。
10		ㅜ+ㅣ	[wi]	唇を軽く突き出して「ウィ」と発音。
11		ㅡ+ㅣ	[ɯi]	口を横に引いて「ウィ」と発音。

次の単語を発音しながら書いてみましょう。

❻	돼지	ブタ	왜	なぜ	쇄도	殺到
	돼지		왜		쇄도	
❼	쇠고기	牛肉	외과	外科	최고	最高
	쇠고기		외과		최고	
❽	더워요	暑いです	뭐	何	샤워	シャワー
	더워요		뭐		샤워	
❾	궤도	軌道	스웨터	セーター	웨이터	ウエーター
	궤도		스웨터		웨이터	
❿	가위	ハサミ	사위	婿	쉬다	休む
	가위		사위		쉬다	
⓫	의무	義務	의사	医者	희다	白い
	의무		의사		희다	

どうぞ召し上がってください。　맛있게 드세요.
いただきます。　　　　　　　잘 먹겠습니다.
ごちそうさまでした。　　　　잘 먹었습니다.

第5課 合成子音字(濃音:二重子音)5個

合成子音字は(ㄲ, ㄸ, ㅃ, ㅆ, ㅉ)の5個で、基本子音字(ㄱ, ㄷ, ㅂ, ㅅ, ㅈ)をそれぞれ2つ並べて書きます。発音は息を出さずに喉を緊張させて発音します。

ㄲ	쌍기역[サンギヨク]	[ˀk](濃音)	促音を伴った(ッカ,ッコ,ック,ッキ)の要領で喉を緊張させて発音。					
까	꺄	꺼	껴	꼬	꾜	꾸	뀨	끄	끼
[ˀka]	[ˀkja]	[ˀkɔ]	[ˀkjɔ]	[ˀko]	[ˀkjo]	[ˀku]	[ˀkju]	[ˀkɯ]	[ˀki]

ㄸ	쌍디귿[サンディグッ]	[ˀt](濃音)	促音を伴った(ッタ,ッット)の要領で喉を緊張させて発音。					
따	땨	떠	뗘	또	뚀	뚜	뜌	뜨	띠
[ˀta]	[ˀtja]	[ˀtɔ]	[ˀtjɔ]	[ˀto]	[ˀtjo]	[ˀtu]	[ˀtju]	[ˀtɯ]	[ˀti]

ㅃ	쌍비읍[サンビウプ]	[ˀp](濃音)	促音を伴った(ッパ,ッピ,ップ,ッポ)の要領で喉を緊張させて発音。					
빠	뺘	뻐	뻐	뽀	뾰	뿌	쀼	쁘	삐
[ˀpa]	[ˀpja]	[ˀpɔ]	[ˀpjɔ]	[ˀpo]	[ˀpjo]	[ˀpu]	[ˀpju]	[ˀpɯ]	[ˀpi]

ㅆ	쌍시옷[サンシオッ]	[ˀs](濃音)	促音を伴った(ッサ,ッシ,ッセ)の要領で喉を緊張させる発音。					
싸	쌰	써	쎠	쏘	쑈	쑤	쓔	쓰	씨
[ˀsa]	[ˀsja]	[ˀsɔ]	[ˀsjɔ]	[ˀso]	[ˀsjo]	[ˀsu]	[ˀsju]	[ˀsɯ]	[ˀsi]

ㅉ	쌍지읒[サンジウッ]	[ˀtʒ](濃音)	促音を伴った(ッチャ,ッチ,ッシ,ッチョ)の要領で喉を緊張させて発音。					
짜	쨔	쩌	쪄	쪼	쬬	쭈	쮸	쯔	찌
[ˀtʒa]	[ˀtʒja]	[ˀtʒɔ]	[ˀtʒjɔ]	[ˀtʒo]	[ˀtʒjo]	[ˀtʒu]	[ˀtʒju]	[ˀtʒɯ]	[ˀtʒi]

次の単語を発音しながら書いてみましょう。

ㄲ

꼬리	尻尾	끄다	消す	아까	さっき
꼬리		끄다		아까	

ㄸ

따다	取る	따로따로	別々に	뛰다	走る
따다		따로따로		뛰다	

ㅃ

빠르다	速い	뽀뽀	キス	뿌리	根
빠르다		뽀뽀		뿌리	

ㅆ

싸다	安い、包む	쓰다	書く	아저씨	おじさん
싸다		쓰다		아저씨	

ㅉ

짜다	塩辛い	쪼개다	割る、分ける	찌개	鍋もの
짜다		쪼개다		찌개	

ひとことあいさつ

こんにちは。 안녕하세요?
授業を始めます。 수업을 시작하겠습니다.
出席を取ります。 출석을 부르겠습니다.

母音とともに発音する子音(初声)の発音は以下のように5つに分けられます。下の絵のように平音、激音、濃音を発音してみましょう。

平音 (평음)	軽い息とともに、柔らかく発音				
ㄱ(기역)	ㄷ(디귿)	ㅂ(비읍)	ㅅ(시옷)	ㅈ(지읒)	
ギヨㇰ	ディグッ	ビウㇷ゚	シオッ	ジウッ	
激音 (격음)	息を激しく吐き出しながら発音				
ㅋ(키읔)	ㅌ(티읕)	ㅍ(피읖)		ㅊ(치읓)	ㅎ(히읗)
キウㇰ	ティウッ	ピウㇷ゚		チウッ	ヒウッ
濃音 (농음)	息を詰まらせのどを緊張させて発音				
ㄲ(쌍기역)	ㄸ(쌍디귿)	ㅃ(쌍비읍)	ㅆ(쌍시옷)	ㅉ(쌍지읒)	
ッサンギヨㇰ	ッサンディグッ	ッサンビウㇷ゚	ッサンシオッ	ッサンジウッ	
鼻音 (비음)	息が鼻に抜ける音				
ㄴ(니은)	ㅁ(미음)				
ニウン	ミウム				
流音 (유음)	舌先を巻き気味にして、はじくように発音				
ㄹ(리을)					
リウㇽ					

📖 平音、激音、濃音の違い

가다바사자

平音
(평음)

카타파차하

激音
(격음)

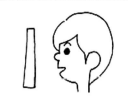

까따빠싸짜

濃音
(농음)

今日はここまでにします。	오늘은 여기까지 하겠습니다.
質問はありますか。	질문 있어요?
あります。/ありません。	있어요./없어요.

第5課　合成子音字(濃音：二重子音)5個

第6課 パッチム(받침:終声)

子音1文字のパッチム

ハングルの組み合わせには、(子音+母音+子音)のタイプもあります。この組み合わせの最後にくる子音のことをパッチム:받침(終声:종성)といいます。パッチムとは支えるという意味です。

パッチムとして使用される文字は次の表のように27文字あります。しかし、実際は下記のように7つ(ㄱ, ㄴ, ㄷ, ㄹ, ㅁ, ㅂ, ㅇ)のいずれかで発音します。また、パッチムは発音から3つのパターン「ッ、ン、ル」に分けられます。それは、「ッ」にあたる発音の「ㄱ, ㄷ, ㅂ」と、「ン」にあたる発音「ㄴ, ㅁ, ㅇ」、最後に「ル」に当たる発音「ㄹ」です。

「ッ」にあたる発音					
ㄱ[k]		ㄷ[t]		ㅂ[p]	
[カ]行の詰まった[ッカ]の音で息を止めて発音。		[タ]行の詰まった[ッタ]の音で歯茎の後ろで舌を止めて発音。		[パ]行の詰まった[ッパ]と発音した時の口を閉じて発音。	
ㄱ, ㄲ, ㅋ	ㄳ, ㄺ	ㄷ, ㅅ, ㅆ, ㅈ, ㅊ, ㅌ, ㅎ		ㅂ, ㅍ	ㅄ, ㄿ
역(駅)、책(本)、깎다(削る)、부엌(台所)、넋(魂)、닭(ニワトリ)		믿다(信じる)、옷(服)、갔다(行った)、잊다(忘れる)、꽃(花)、붙다(受かる)、놓다(置く)		밥(ご飯)、집(家)、입(口)、앞(前)、값(値段)、없다(無い)、읊다(詠ずる)	

「ン」にあたる発音				
ㄴ[n]		ㅁ[m]		ㅇ[ŋ]
[ン]のように舌の先をつけたままにして発音。		[ン]と発音する時に口を閉じて発音。		音を鼻から抜いて[ン]を発音します。「按摩:アンマ」の「ン」のように「ŋ」を発音します。初声は無音ですが、終声で使われる場合には音があります。
ㄴ	ㄵ, ㄶ	ㅁ	ㄻ	ㅇ
돈(お金)、산(山)、눈(雪)、앉다(座る)、많다(多い)		김치(キムチ)、밤(栗)、봄(春)、젊다(若い)		방(部屋)、사랑(愛)、빵(パン)、강(川)

「ル」にあたる発音
ㄹ[l]
[ル]舌先を歯茎の裏に軽くつけたまま発音します。英語の[l]の発音をします。

ㄹ	ㄽ, ㄾ, ㅀ, ㅄ
서울(ソウル)、외곬(一筋)、핥다(なめる)、잃다(なくす、失う)、넓다(広い)	

子音2文字のパッチム(겹받침)

「ㄳ, ㄵ, ㄶ, ㄺ, ㄻ, ㄼ, ㄽ, ㄾ, ㅍ, ㅀ, ㅄ」の11文字は2文字のパッチムの発音です。

それぞれの違った子音字を組み合わせてパッチムに入れて発音する時は、どちらか一方の子音字だけを発音します。

「ㄱ」[ᵏ]を発音	パッチムが「ㄳ, ㄺ」の場合
	암탉(メンドリ)、읽다(読む)、삯(賃金)、넋(魂)、닭(ニワトリ)

「ㄴ」[n]を発音	パッチムが「ㄵ, ㄶ」の場合
	얹다(載せる)、앉다(座る)、많다(多い)、언짢다(不機嫌だ)

「ㅁ」[m]を発音	パッチムが「ㄻ」の場合
	젊다(若い)、앎(知るの名詞形)、굶다(飢える)、삶다(煮る)

「ㄹ」[l]を発音	パッチムが「ㄼ, ㄽ, ㄾ, ㅀ」の場合
	여덟(八つ)、넓다(広い)、외곬(一筋)、핥다(なめる)、싫다(嫌だ)、끓이다(沸かす)、잃다(なくす)
	※ 例外 밟다(踏む)は「밥」と発音します。

「ㅂ」[p]を発音	パッチムが「ㅄ」の場合
	없다(ない)、값(値段)

「ㅍ」[p]を発音	パッチムが「ㄿ」の場合
	읊다(詠ずる、吟ずる)

☑ 右側の文字のパッチムを発音

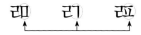

☑ 左側の文字のパッチムを発音

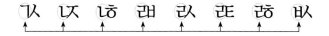

※ ㄻ、ㄿを除いてはㄱ、ㄴ、ㄷ…の順に覚えると簡単でしょう。

第7課 저는 미야케 하루라고 합니다.
私は三宅 春と申します。

❶ ～は(～는/은)
❷ ～です・～ですか(～입니다./입니까? ～예요.(?)이에요.(?))
❸ ～と申します・～と言います(～(이)라고 합니다.)

미야케 하루: 안녕하십니까?

저는 미야케 하루**라고 합니다**.

장 지선: 네, 안녕하세요.

처음 뵙겠습니다.

저는 장 지선**이라고 합니다**.

만나서 반갑습니다. 잘 부탁합니다.

미야케 하루: 장 지선 씨는 대학생**입니까**?

장 지선: 네, 대학생**입니다**.

 三宅 春　　こんにちは。
　　　　　　私は三宅 春と申します。
 チャン ジソン　はい、こんにちは。
　　　　　　はじめまして。
　　　　　　私はチャンジソンと申します。
　　　　　　お会いできてうれしいです。よろしくお願いします。
 三宅 春　　チャンジソンさんは大学生ですか。
 チャン ジソン　はい、大学生です。

저는 장 지선이라고 합니다.

저는 미야케 하루라고 합니다.

장 지선　　미야케 하루

안녕하십니까?	こんにちは。　朝、昼、晩、初対面、再会のときなど幅広く使えます。안녕하세요?日本語で「お元気でいらっしゃいますか」です。 1日中使えるあいさつですが、韓国では「こんにちは」より、目上の人には「식사하셨어요?」を、友達や同僚には「밥 먹었어?」をよく使います。	
저	私、わたくし　(=나)	
는	～は　パッチムがない名詞+는、パッチムがある名詞+은	
네	はい　丁寧な言い方で「예」もよく使います。 反対語:아니요, 아뇨(いいえ) 友達や同僚、目下の人に対する返事は「はい:응, 어」を使います。また、「いいえ:아니」のようなパンマル(반말)を使います。	
(이)라고 합니다	～と申します/～と言います パッチムがない名詞+라고 합니다 パッチムがある名詞+이라고 합니다	
처음	初めて	
뵙겠습니다	お目にかかります	
잘 부탁합니다	よろしくお願いします	
씨	～さん　日本語の「さん」の意味ですが、韓国で李さんを「이 씨」と呼ぶと失礼です。名前には「지선 씨」、フルネームは「장지선 씨」とします。さらに、友達、同僚、目下の人の名前を呼ぶときは名前の最後の文字にパッチムがない場合「하루키야(悠希さん)」、パッチムがある場合は「민정아(ミンジョンさん)」といいます。	
대학생	大学生	
입니다	～です　かしこまった場面で用いる表現です。 疑問文は「입니까?(～ですか)」となります。	

第7課　저는 미야케 하루라고 합니다

鼻音化(비음화)

① パッチムが ㄱ[k], ㄷ[t], ㅂ[p]の後に初声(子音)ㄴ[n], ㅁ[m]が来る場合、「ㄱ, ㄷ, ㅂ」はそれぞれ「ㅇ[ŋ], ㄴ[n], ㅁ[m](鼻音)」に発音されます。これを鼻音化といいます。

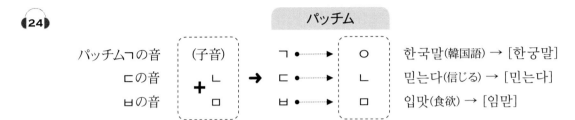

② パッチム「ㅁ, ㅇ」の後に初声(子音)「ㄹ」が来る場合

③ パッチム「ㄱ, ㄷ, ㅂ」の後に子音「ㄹ」が来る場合

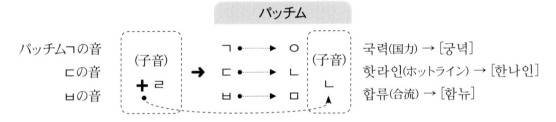

🎧 世界各国の名称(세계 각국 이름)を覚えましょう。

대한민국	大韓民国	일본	日本	중국	中国
미국	アメリカ	이탈리아	イタリア	인도네시아	インドネシア
독일	ドイツ	러시아	ロシア	멕시코	メキシコ
베트남	ベトナム	벨기에	ベルギー	브라질	ブラジル
스위스	スイス	스페인	スペイン	에디오피아	エチオピア
영국	イギリス	이집트	エジプト	호주	オーストラリア
인도	インド	칠레	チリ	터키	トルコ
아르헨티나	アルゼンチン	프랑스	フランス	태국	タイ
캐나다	カナダ	헝가리	ハンガリー		

～は　　～는/은

　助詞「～는」と「～은」は日本語の助詞「～は」に当たり、名詞の後につきます。パッチムがない名詞の場合は「～는」、パッチムがある名詞の場合は「～은」に使い分けます。

パッチムない名詞(母音体言)+는			パッチムある名詞(子音体言)+은		
도쿄(東京)	는	도쿄는	대학생(大学生)	은	대학생은
저(私)		저는	선물(プレゼント)		선물은
한국어(韓国語)		한국어는	수업(授業)		수업은
여기(ここ)		여기는	생일(誕生日)		생일은

※パッチムがない名詞は「～는」が縮約される場合があります。

　例　도쿄는▶도쿈、　저는▶전、　한국어는▶한국언、　여기는▶여긴

～です・～ですか　　～입니다. / 입니까?　～예요.(?) / 이에요.(?)

　「～입니다.」は、丁寧な言い方を表す表現であり、パッチムと関係なく名詞につきます。日本語の「～です」の意味です。疑問文では「～입니다.」の「다.」の代わりに「까?」をつけます。また、「～입니까」の後には必ず「?」をつけます。また、韓国語には「～이에요./예요.」のようなもう一つの言い方があります。「～입니다.」はかしこまった表現で、「パッチムがない名詞＋예요.(?)/パッチムがある名詞＋이에요.(?)」は打ち解けた表現です。

☆「～です」という意味の「～예요.」は[에요./エョ]と発音します。

	名詞(体言)+입니다.		名詞(体言)+입니까?	
친구(友達)	입니다. です	친구입니다.	입니까? ですか	친구입니까?
선생님(先生)		선생님입니다.		선생님입니까?

※母音で終わる名詞(体言)に使うときには、次のように「이」を省略することができます。

　여자(女子) ➡ 여자(이)ㅂ니다. ➡ 여잡니다.(女子です。)
　여자(女子) ➡ 여자(이)ㅂ니까? ➡ 여잡니까?(女子ですか。)

	パッチムない名詞(体言)+예요.		パッチムない名詞(体言)+예요?	
친구(友達)	예요. です	친구예요.	예요? ですか	친구예요?

	パッチムある名詞(体言)+이에요.		パッチムある名詞(体言)+이에요?	
선생님(先生)	이에요. です	선생님이에요.	이에요? ですか	선생님이에요?

～と申します・～と言います　　～(이)라고 합니다.

「～(이)라고 합니다.」は、日本語の「～と申します」・「～と言います」に当たります。パッチムがない場合(母音体言)は+「～라고 합니다.」、パッチムがある場合(子音体言)は+「～이라고 합니다.」となります。

パッチムない名詞(母音体言)+라고 합니다.		
진 우 (陳　憂)	라고 합니다. と言います	진 우라고 합니다.
곤도 하루키 (近藤　悠希)		곤도 하루키라고 합니다.

パッチムある名詞(子音体言)+이라고 합니다.		
최 서현 (崔　ソヒョン)	이라고 합니다. と言います	최 서현이라고 합니다.
나카노 켄 (中野　健)		나카노 켄이라고 합니다.

☆ 日本では友人などに対し、名前に「ちゃん」や「君」を付けて呼んだりしますが、韓国では親しい友達や年下の呼び方は、名前の後にパッチムがない名詞の場合には「～야」を付けて「재호야」、パッチムがある名詞の場合は「～야」の代わりに、名前の後に「～아」を付けて「서현아」と呼びかけます。

※人称代名詞(인칭대명사)

韓国語には一人称代名詞の「나」、「저」があり、「저」は「나」の謙譲語です。日本語のような男女による使い分けはないです。「저」は聞き手が話し手より目上の場合に、「나」は自分と同格もしくは目下の関係で使います。

	単　数		複　数	
1人称代名詞 (1인칭대명사)	나 저	わたし・僕・おれ 私・わたくし	우리, 우리들 저희, 저희들	我々・われら 私達
2人称代名詞 (2인칭대명사)	너	あなた・きみ	너희들	あなたたち・ きみたち
3人称代名詞 (3인칭대명사)	그, 그녀 이분, 그분, 저분	彼・彼女 この方, その方, あの方	그들, 그녀들 이분들, 그분들, 저분들	彼ら, 彼女ら この方々, その方々, あの方々

練習問題

1. 보기例を参考にして完成させなさい。

보기例	대학생(大学生)	저/나(私、わたくし)
	➔ 대학생은(大学生は)	➔ 저는/나는(私は)

(1) 학교(学校) ➔ 학교____

(2) 선생님(先生) ➔ 선생님____

(3) 이름(名前) ➔ 이름____

(4) 취미(趣味) ➔ 취미____

2. 보기例を参考にして完成させなさい。

보기例	한국 사람(韓国人)
	➔ 한국 사람입니다. 한국 사람이에요.
	➔ 한국 사람입니까? 한국 사람이에요?

	친구(友達)
	➔ 친구입니다. 친구예요.
	➔ 친구입니까? 친구예요?

(1) 오늘(今日)

➔ _____

➔ _____

(2) 스마트폰(スマートフォン)

➔ _____

➔ _____

第7課 저는 미야케 하루라고 합니다

⑶ 회사(会社)

→ _____

→ _____

⑷ 대학교(大学)

→ _____

→ _____

3. 보기⑩を参考にして完成させなさい。

> 보기⑩　　장 재훈(韓国人:張 在熏)
> → 장 재훈이라고 합니다.

> 후지와라 요시미(日本人:藤原　好美)
> → 후지와라 요시미라고 합니다.

⑴ 데이비드 제니(アメリカ人:David Jenny)

→ _____

⑵ 왕 곤(中国人:王 焜)

→ _____

⑶ 나가세 요코(日本人:永瀬　洋子)

→ _____

⑷ 최 민영(韓国人:崔 民栄)

→ _____

趣味(취미)の単語を覚えましょう。

① 축구(サッカー)
② 음악 감상(音楽鑑賞)
③ 골프(ゴルフ)
④ 야구(野球)
⑤ 산책(散歩)
⑥ 테니스(テニス)
⑦ 스키(スキー)
⑧ 핸드볼(ハンドボール)
⑨ 드라이브(ドライブ)
⑩ 등산(登山)
⑪ 수영(水泳)
⑫ 독서(読書)
⑬ 쇼핑(ショッピング)
⑭ 요가(ヨガ)
⑮ 요리(料理)
⑯ 여행(旅行)

| 취미는 趣味は | (趣味の単語) | 입니다.・입니까? / 예요.(?)・이에요.(?) 名詞+です/ですか |

第7課 저는 미야케 하루라고 합니다

第8課 회사원이 아닙니다.
会社員ではありません。

❶ 〜ではありません・〜ではありませんか
　（〜가/이 아닙니다. 〜가/이아닙니까?）（〜가/이 아니에요.(?)）
❷ 〜で(〜에서)　❸ 〜を(〜를/을)　❹ 〜も(〜도)

가와무라 아야노 : 장 지은 씨는 회사원입니까?

장 지은 : 아뇨, 회사원이 아닙니다.

대학생입니다.

가와무라 아야노 : 대학에서 무엇을 전공합니까?

장 지은 : 경영학을 전공합니다.

아야노 씨는 무엇을 전공합니까?

가와무라 아야노 : 저도 경영학을 전공합니다.

 河村　彩乃　　チャンジウンさんは会社員ですか。
 チャン ジウン　いいえ、会社員ではありません。
　　　　　　　　　大学生です。
 河村　彩乃　　大学で何を専攻していますか。
 チャン ジウン　経営学を専攻しています。
　　　　　　　　　彩乃さんは何を専攻していますか。
 河村　彩乃　　私も経営学を専攻しています。

회사원이 아닙니다.

회사원입니까?

장 지은　　　가와무라 아야노

회사원	会社員
아뇨	いいえ　「아니요」の縮約形
이 아닙니다	〜ではありません 　パッチムがない名詞(母音体言)＋가 아닙니다/가 아니에요 　パッチムがある名詞(子音体言)＋이 아닙니다/이 아니에요 　🍃 疑問形は 　　パッチムがない名詞(母音体言)「가 아닙니까? /가 아니에요?」 　　パッチムがある名詞(子音体言)「이 아닙니까? /이 아니에요?」 　　になります。
대학생	大学生
입니다	名詞＋〜です 　「입니다」を「입니까?」に変えると疑問形になります。
에서	(場所)〜で　起点(〜から)
무엇을	何を 　何(무엇)＋を(을) 　縮約形は「뭘」となります。 　(무엇을 ▸뭣을→뭘)、무엇の短縮形 → 뭐
을/를	〜を 　パッチムがない名詞(母音体言)＋를 　パッチムがある名詞(子音体言)＋을　} を使います。
전공	専攻
합니까?	しますか　基本形：하다(する)
경영학	経営学
도	〜も　追加、列挙に使います。 　　名詞＋パッチム有無に関係なくつきます。

第8課　회사원이 아닙니다

連音化(연음화)

パッチムの次に母音「ㅇ」で始まる音が来ると、前のパッチムが「ㅇ」の所に移動して、次の音節で発音します。これをリエゾン(=仏:Liaison連音:연음)といいます。[　]の文字となります。パッチム+「ㅇ」➡ パッチムがㅇに移ります。

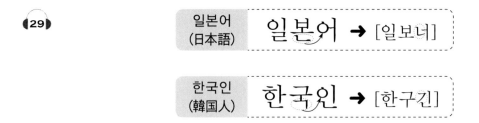

しかし、例外としてパッチム「ㅇ」の場合、パッチム「ㅇ」+「ㅇ」はそのまま「ŋ」の音を直後の母音とくっつけるように発音します。

✎ 강아지(子犬) → [강아지]、영어(英語) → [영어]、상업(商業) → [상업]

口蓋音化(구개음화)

パッチム「ㄷ,ㅌ」次に「이」が来る場合、「ㄷ」が「ㅈ」に、「ㅌ」が「ㅊ」と発音されます。これを口蓋音化といいます。

パッチム　ㄷ　+이　┈┈➡ ㅈ　굳이(敢えて) → [구지]
　　　　　ㅌ　　　 ┈┈➡ ㅊ　같이(一緒に) → [가치]

✎ 해돋이(日の出) → [해도지]、붙이다(貼る) → [부치다]

～ではありません ～ではありませんか	～가/이 아닙니다. 가/이 아니에요. ～가/이 아닙니까? 가/이 아니에요?

「～가/이 아닙니다. ～가/이 아니에요.」は体言(名詞・代名詞・数詞)につけて否定の意味を表します。すなわち、名詞の最後文字のパッチムがない体言+「～가 아닙니다./～가 아니에요.」と、パッチムがある体言+「～이 아닙니다./～이 아니에요.」となります。～가/이の後は1文字空けて書きます。疑問形は「다.」の代わりに「까?」がつきます。疑問形にするには文末に必ず「?」をつけます。

パッチムない体言+가 아닙니다. 가 아니에요.		
자전거 (自転車)	가 아닙니다. 가 아니에요. ではありません	자전거가 아닙니다. 자전거가 아니에요.
시계 (時計)		시계가 아닙니다. 시계가 아니에요.

パッチムない体言+가 아닙니까? 가 아니에요?		
자전거 (自転車)	가 아닙니까? 가 아니에요? ではありませんか	자전거가 아닙니까? 자전거가 아니에요?
시계 (時計)		시계가 아닙니까? 시계가 아니에요?

パッチムある体言+이 아닙니다. 이 아니에요.		
회사원 (会社員)	이 아닙니다. 이 아니에요. ではありません	회사원이 아닙니다. 회사원이 아니에요.
한국 사람 (韓国人)		한국 사람이 아닙니다. 한국 사람이 아니에요.

パッチムある体言+이 아닙니까? 이 아니에요?		
회사원 (会社員)	이 아닙니까? 이 아니에요? ではありませんか	회사원이 아닙니까? 회사원이 아니에요?
한국 사람 (韓国人)		한국 사람이 아닙니까? 한국 사람이 아니에요?

「～이에요./예요.」は、会話文でよく使われるもので、「～입니다.」よりやや柔らかい感じの打ち解けた表現です。前の名詞が子音で終われば「～이에요.」で、前の名詞が母音で終われば「～예요.」と使い分けをします。否定文は「～가 아니에요./～이 아니에요.」、疑問文は「～이에요? ～예요?」になります。また、敬語の否定文は「～아니십니다.」と「～아니세요.」、疑問文は「～아니십니까?」と「～아니세요?」となります。

第8課 회사원이 아닙니다

～(場所)で　～(장소)에서

「～에서」は日本語の「～で」に当たり、場所を表す助詞です。パッチムの有無に関係なく「～에서」を使います。また、場所の出発点を示します。日本語の「～から」を表すときにも使います。

例 일본에서 출발합니다.(日本から出発します)

名詞＋에서		
한국(韓国)	에서 で	한국에서
여기(ここ)		여기에서
시골(田舎)		시골에서
도서관(図書館)		도서관에서

～を　～를/을

「～를/을」は日本語の「～を」に当たる助詞です。名詞については、その名詞が目的対象となります。韓国語ではパッチムない体言「＋～를」、パッチムある体言「＋～을」がつきます。

パッチムない体言＋를			パッチムある体言＋을		
야채(野菜)	를 を	야채를	이름(名前)	을 を	이름을
불고기(プルゴギ)		불고기를	밥(ご飯)		밥을
청소(掃除)		청소를	우산(傘)		우산을
대학교(大学)		대학교를	오카야마역(岡山駅)		오카야마역을

☆ ただし、韓国語では助詞の「～に・～が」ではなく「～를(를/을)」の場合があります。

日本語の「～に会う」は韓国語では「～에 만나다」ではなく「～를/을 만나다」となります。また、「～に乗る：～를/을 타다」、「～に似る：～를/을 닮다」、「～が上手だ：～를/을 잘하다」、「～が下手だ：～를/을 잘 못하다」、「～が分かる：～를/을 알다」、「～が分からない：～를/을 모르다」となります。

～も　～도

「～도」は日本語の「～も」に当たる助詞で、追加・添加・列挙を表します。前の名詞のパッチム有無と関係なく、そのまま「～도」がつきます。

名詞＋도		
선생님(先生)	도 も	선생님도
어느 나라(どの国)		어느 나라도
누구(誰)		누구도
신문(新聞)		신문도

練習問題

1. 보기例를 参考にして完成させなさい。

> **보기**例
>
> 회사원(会社員)   학생(学生)
> ➜ 회사원입니까?(회사원이에요?)
> ➜ 아뇨, 회사원이 아닙니다. (회사원이 아니에요.)
> ➜ 학생입니다.(학생이에요.)

> 배우(俳優)   가수(歌手)
> ➜ 배우입니까? (배우예요?)
> ➜ 아뇨, 배우가 아닙니다. (배우가 아니에요.)
> ➜ 가수입니다.(가수예요.)

(1) 체육관(体育館) 도서관(図書館)

➜ 체육관 _____

➜ 아뇨, 체육관 _____

➜ 도서관입니다. (도서관이에요.)

(2) 잡지(雑誌) 신문(新聞)

➜ 잡지 _____

➜ 아뇨, 잡지 _____

➜ 신문입니다. (신문이에요.)

(3) 편의점(コンビニエンスストア) 슈퍼마켓(スーパーマーケット)

➜ 편의점 _____

➜ 아뇨, 편의점 _____

➜ 슈퍼마켓입니다. (슈퍼마켓이에요.)

⑷ 기모노(着物) 한복(韓服:韓国の伝統服)

→ 기모노 _____

→ 아뇨, 기모노 _____

→ 한복입니다. (한복이에요.)

2. 보기(例)を参考にして完成させなさい。

보기(例)	용돈(小遣い)	냉장고(冷蔵庫)
	→ 용돈을(小遣いを)	→ 냉장고를(冷蔵庫を)

⑴ 커피(コーヒー) → 커피_____

⑵ 여름(夏) → 여름_____

⑶ 여권(パスポート、旅券) → 여권_____

⑷ 향수(香水) → 향수_____

3. 보기(例)を参考にして完成させなさい。

보기(例)	백화점(デパート)	세탁소(クリーニング店)
	→ 백화점에서(デパートで)	→ 세탁소에서(クリーニング店で)

⑴ 병원(病院) → 병원_____

⑵ 바다(海) → 바다_____

⑶ 은행(銀行) → 은행_____

⑷ 어디(どこ) → 어디_____

4. 보기(例)を参考にして完成させなさい。

보기(例)	텔레비전(テレビ)	드라마(ドラマ)
	➡ 텔레비전**도**(テレビも)	➡ 드라마**도**(ドラマも)

⑴ 화장실(トイレ) ➡ 화장실_____

⑵ 의자(椅子) ➡ 의자_____

⑶ 책상(机) ➡ 책상_____

⑷ 자전거(自転車) ➡ 자전거_____

💡 十二支(십이지)の単語を覚えましょう。

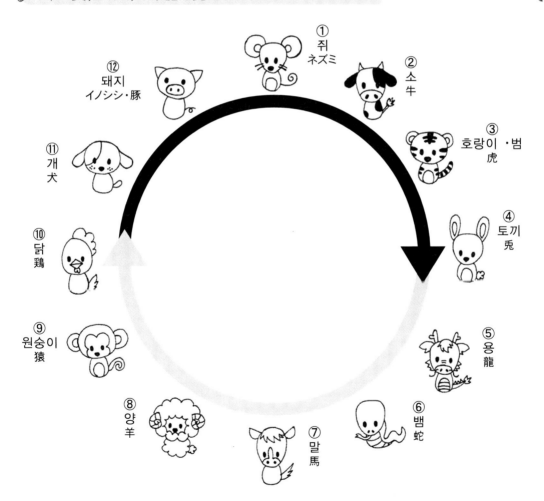

第9課 지금 어디에 갑니까?
今、どこに行きますか。

- ❶ ～ます・です/～ますか・ですか (～ㅂ니다./습니다. ～ㅂ니까?/습니까?)
- ❷ ある・いる/ない・いない(있다/없다)
- ❸ ～に(～에)
- ❹ ～が(～가/이)

미야케 하루 : 지금 어디에 갑니까?

장 지선 : 학교에 갑니다.

미야케 하루 : 수업이 있습니까?

장 지선 : 네, 수업이 있습니다.

아뇨, 수업이 없습니다.

 三宅 春　　今、どこに行きますか。

 チャン ジソン　学校に行きます。

 三宅 春　　授業がありますか。

 チャン ジソン　はい、授業があります。

いいえ、授業がありません。

학교에 갑니다.

지금 어디에 갑니까?

34

지금	今
어디	どこ
갑니까?	行きますか　基本形：가다(行く)
학교	学校
에	〜に
수업	授業
있습니다	あります/います　基本形：있다(ある/いる)
없습니다	ありません/いません
	基本形：없다(ない/いない)

35  場所を表す単語(장소를 나타내는 단어)を覚えましょう。

가게	백화점	파출소	남대문시장
店	百貨店	交番	南大門市場
병원	편의점	화장실	지하철역
病院	コンビニ	化粧室	地下鉄駅
면세점	서점	꽃집	빵집
免税店	書店	花屋	パン屋
롯데월드	세탁소	약국	호텔
ロッテワールド	クリーニング店	薬局	ホテル

有声音化(유성음화)

基本子音の「ㄱ, ㄷ, ㅂ, ㅈ」は語頭では[k]、[t]、[p]、[ʧ]と発音します。しかし、前に母音やパッチム「ㄴ, ㅁ, ㅇ, ㄹ」がある場合は[g]、[d]、[b]、[ʤ]と発音します。これを有声音化といいます。

ㄱ[k] → [g]　　ㄷ[t] → [d]　　ㅂ[p] → [b]　　ㅈ[ʧ] → [ʤ]

① 母音+「ㄱ, ㄷ, ㅂ, ㅈ」

고기(肉)　　가구(家具)　　부기(簿記)
지도(地図)　　바다(海)　　구두(靴)
두부(豆腐)　　기부(寄付)　　나비(蝶)
바지(ズボン)　　모자(帽子)　　돼지(ブタ)

② パッチム「ㄴ,ㅁ,ㅇ,ㄹ」+「ㄱ, ㄷ, ㅂ, ㅈ」

준비(準備)　　운동(運動)　　한글(ハングル)
감기(風邪)　　음주(飲酒)　　감동(感動)
정부(政府)　　중국(中国)　　공부(勉強)
갈비(カルビ)　　얼굴(顔)　　살구(アンズ)

激音化(격음화)

「ㄱ, ㄷ, ㅂ, ㅈ」のパッチムの後に子音「ㅎ」が続く場合、「ㅋ, ㅌ, ㅍ, ㅊ」になります。さらに、パッチム「ㅎ」後に子音「ㄱ, ㄷ, ㅂ, ㅈ」が続く場合も、激音の「ㅋ, ㅌ, ㅍ, ㅊ」になります。これは平音が激音として発音されるので激音化といいます。

例

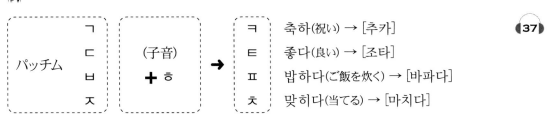

축하(祝い) → [추카]
좋다(良い) → [조타]
밥하다(ご飯を炊く) → [바파다]
맞히다(当てる) → [마치다]

✎ 넣고(入れて) → [너코], 잊히다(忘れられる) → [이치다]
　좋지만(良いが) → [조치만], 그렇지만(しかし) → [그러치만]

〜ます・です / 〜ますか・ですか　〜ㅂ니다./습니다.　〜ㅂ니까?/습니까?

「〜ㅂ니다.」「〜습니다.」は動詞・形容詞の語幹につけて丁寧の意を表します。パッチムのない語幹用言は「〜ㅂ니다.」、パッチムのある語幹用言には「〜습니다.」をつけます。疑問形は「〜ㅂ니까?」、「〜습니까?」になります。

パッチムない語幹用言+ㅂ니다.					
基本形	語幹	語尾			
오다(来る)	오	다	ㅂ니다.	옵니다.	来ます
마시다(飲む)	마시	다		마십니다.	飲みます
바쁘다(忙しい)	바쁘	다		바쁩니다.	忙しいです
배우다(学ぶ)	배우	다		배웁니다.	学びます
★놀다(遊ぶ)	놀	다		놉니다.	遊びます

パッチムない語幹用言+ㅂ니까?					
基本形	語幹	語尾			
오다(来る)	오	다	ㅂ니까?	옵니까?	来ますか
마시다(飲む)	마시	다		마십니까?	飲みますか
바쁘다(忙しい)	바쁘	다		바쁩니까?	忙しいですか
배우다(学ぶ)	배우	다		배웁니까?	学びますか
★놀다(遊ぶ)	놀	다		놉니까?	遊びますか

パッチムある語幹用言+습니다.					
基本形	語幹	語尾			
먹다(食べる)	먹	다	습니다.	먹습니다.	食べます
받다(貰う)	받	다		받습니다.	貰います
높다(高い)	높	다		높습니다.	高いです
많다(多い)	많	다		많습니다.	多いです
좋다(良い)	좋	다		좋습니다.	良いです

パッチムある語幹用言+습니까?					
基本形	語幹	語尾			
먹다(食べる)	먹	다	습니까?	먹습니까?	食べますか
받다(貰う)	받	다		받습니까?	貰いますか
높다(高い)	높	다		높습니까?	高いですか
많다(多い)	많	다		많습니까?	多いですか
좋다(良い)	좋	다		좋습니까?	良いですか

☆ ただし、例外として놀다(遊ぶ) → 놉니다.(遊びます)、살다(住む) → 삽니다.(住んでいます)、열다(開ける) → 엽니다.(開けます)となるように語幹が"ㄹパッチム"の場合「ㄹ」を取って「ㅂ니다.」をつけます。これをㄹ語幹用言といいます。

[基本形] 만들다(作る)

※ㄹ語幹用言(ㄹ어간용언)は語幹が「ㄹ」で終わる用言のことをいいます。「ㄴ,ㅂ,ㅅ,으(ㄹ)」の前で語幹「ㄹ」が脱落します。

　　만드니까((料理を)作るから)、만듭니다(作ります)、

　　만드시다(お作りになる)、만들 때(作るとき)

팔다 (売る)	팝니다. (売ります)	힘들다 (大変だ)	힘듭니다. (大変です)
멀다 (遠い)	멉니다. (遠いです)	알다 (知る)	압니다. (知っています)

☆ 用言には動詞、形容詞、存在詞、指定詞の4つの種類があります。用言は全て「다」の形で終わり、「-다」を語尾といいます。「-다」を取った残りの部分が活用する部分であり、語幹といいます。

	基本形(기본형)	語幹(어간)	語尾(어미)
動詞(동사)	가다(行く)	가	다
形容詞(형용사)	바쁘다(忙しい)	바쁘	다
存在詞(존재사)	있다(ある・いる)	있	다
	없다(ない・いない)	없	다
指定詞(지정사)	이다(〜だ・である)	이	다
	아니다(ではない)	아니	다

ある・いる/ない・いない　있다/없다

「있다」は日本語の「ある」「いる」に当たります。韓国語では「ある」「いる」は「있다」であり、日本語の「ない」「いない」は韓国語では「없다」に当たります。いずれの場合も「있다」「없다」になります。「있다」「없다」の丁寧形は「있습니다」「없습니다」です。また、疑問形は「있습니까?」「없습니까?」になります。日本語「ある・いる」のように対象の区別はないです。

「없다」は있다の否定形です。「계시다」は「있다」の尊敬語で「(人が)いらっしゃる」の意味です。

基本形	ある・いる	あります・います	ありますか・いますか
語幹	語尾		
있	다	있습니다. 있어요.	있습니까? 있어요?

基本形	ない・いない	ありません・いません	ありませんか・いませんか
語幹	語尾		
없	다	없습니다. 없어요.	없습니까? 없어요?

☆ 存在詞の「있다」「없다」は連体形がつくと、美味しいキムチ：맛있는 김치
　美味しくないキムチ：맛없는 김치
　재미있다(面白い)　재미없다(面白くない)
　맛있다(美味しい)　맛없다(美味しくない)

〜に　〜에

場所・時間や方向を表す助詞「〜に」は、韓国語では「〜에」の助詞を使います。パッチムの有無に関係なく、そのままつけます。

場所、方向、時間を表す名詞+に		
편의점(コンビニ)	에 に	편의점에
마트(マート(mart))		마트에
목요일(木曜日)		목요일에
여름 방학(夏休み)		여름 방학에

☆ また、時間を表す名詞についた時、時間を表します。ただし、昨日(어제)、今日(오늘)、あさって(모레)、一昨日(그저께)のような名詞にはつけません。

하루(一日)		하루에
아침(朝)		아침에
점심, 낮(昼)	에	점심에/낮에
저녁(夕方, 晩)	に	저녁에
밤(夜)		밤에
오전(午前)		오전에
오후(午後)		오후에

☆「에게, 한테」は人を表す名詞に接続して、行動の対象を表現します。「에게, 한테」の尊敬形として「께」を使います。「아버지께」「선생님께」のように使います。

선생님(先生)		선생님에게, 선생님한테, 선생님께
미야케 씨(三宅さん)		미야케 씨에게, 미야케 씨한테, 미야케 씨께
가족(家族)	에게 한테 께 に	가족에게, 가족한테
선배(先輩)		선배에게, 선배한테
후배(後輩)		후배에게, 후배한테
친구(友達)		친구에게, 친구한테
남자친구(ボーイフレンド)		남자친구에게, 남자친구한테
여자친구(ガールフレンド)		여자친구에게, 여자친구한테

郵便(우편)に関する単語を覚えましょう。

우체통	郵便ポスト	속달	速達
소포	小包	편지	手紙
우표	切手	엽서	はがき
연하장	年賀状	등기우편	書留
발신인	差出人	수신인, 수취인	受取人
수신인명	宛名	수신인 주소	宛先
항공편	航空便	택배편	宅配便
퀵서비스	バイク便	답장하다	返事・返信する

～が　～가/이

「～가/이」は日本語の「～が」に当たる助詞で主格を表します。

パッチムがない場合は名詞(母音体言)＋「～가」であり、パッチムがある場合は名詞(子音体言)＋「～이」を使います。また、目上の人にはパッチムの有無に関係なく「～께서」になります。

パッチムない体言＋가			パッチムある体言＋이		
공부(勉強)	가が	공부가	오늘(今日)	이が	오늘이
친구(友達)		친구가	은행(銀行)		은행이
취미(趣味)		취미가	시험(試験)		시험이
비(雨)		비가	시간(時間)		시간이

※注意：一人称代名詞「나, 저(私)」は、助詞「가」が接続すると、「나가/저가」ではなく「내가, 제가」になります。また、疑問代名詞「누구(誰)」は助詞「가」がつくと「구」が脱落して「누구가」ではなく「누가」になります。

例　제가 장 지은입니다.(私が張 之銀です。)

☆ 日本語の「は」にあたる疑問詞の助詞は、韓国語では「～이/가」を使います。

例　トイレはどこですか。(화장실이 어디예요?)
　　誕生日はいつですか。(생일이 언제예요?)
　　名前は何ですか。(이름이 뭐예요?)

練習問題

1. 보기例を参考にして完成させなさい。

> **보기例**
> 먹다(食べる)
> → 먹습니다.(食べます)   → 먹습니까?(食べますか)

> 가다(行く)
> → 갑니다.(行きます)   → 갑니까?(行きますか)

⑴ 보다(見る)

→ _____   → _____

⑵ 마시다(飲む)

→ _____   → _____

⑶ 기다리다(待つ)

→ _____   → _____

⑷ 쉬다(休む)

→ _____   → _____

⑸ 만나다(会う)

→ _____   → _____

⑹ 사다(買う)

→ _____   → _____

⑺ 살다(住む) (★ㄹ語幹用言)

→ _____   → _____

⑻ 멀다(遠い) (★ㄹ語幹用言)

→ _____   → _____

⑼ 듣다(聞く)

→ _____   → _____

⑽ 읽다(読む)

→ _____   → _____

(11) 좋다(良い)

→ ....   → ....

(12) 예쁘다(きれいだ)

→ ....   → ....

(13) 바쁘다(忙しい)

→ ....   → ....

(14) 싸다(安い)

→ ....   → ....

(15) 공부하다(勉強する)

→ ....   → ....

2. 보기(例)を参考にして完成させなさい。

> **보기 例**　숙제(宿題)
> → 숙제가 있습니까?(宿題がありますか)　숙제가 있습니다.(宿題があります)
> → 숙제가 없습니까?(宿題がありませんか)　숙제가 없습니다.(宿題がありません)

(1) 손수건(ハンカチ)

→ 손수건이 ....   → 손수건이 ....

→ 손수건이 ....   → 손수건이 ....

(2) 시험(試験)

→ 시험이 ....   → 시험이 ....

→ 시험이 ....   → 시험이 ....

(3) 화장지(ティッシュペーパー)

→ 화장지가 ....   → 화장지가 ....

→ 화장지가 ....   → 화장지가 ....

⑷ 휴가(休暇)

→ 휴가가 _____　　→ 휴가가 _____

→ 휴가가 _____　　→ 휴가가 _____

3. 보기(例)를 参考にして完成させなさい。

보기(例)	우체국(郵便局)	학교(学校)
	→ 우체국에(郵便局に)	→ 학교에(学校に)

⑴ 기숙사(寮) → 기숙사_____

⑵ 집(家) → 집_____

⑶ 시장(市場) → 시장_____

⑷ 가게(店) → 가게_____

4. 보기(例)를 参考にして完成させなさい。

보기(例)	박물관(博物館)	우표(切手)
	→ 박물관이(博物館が)	→ 우표가(切手が)

⑴ 선물(プレゼント) → 선물_____

⑵ 구두(靴) → 구두_____

⑶ 카메라(カメラ) → 카메라_____

⑷ 스마트폰(スマートフォン) → 스마트폰_____

動詞(동사)の単語を覚えましょう。

①  버리다(捨てる)
②  쉬다(休む)
③  놀다(遊ぶ)
④  마시다(飲む)
⑤  열다(開ける)
⑥  배우다(学ぶ)
⑦  사다(買う)
⑧  듣다(聞く)
⑨  만나다(会う)
⑩  읽다(読む)
⑪  살다(住む)
⑫  쓰다(書く)
⑬  묻다(尋ねる)
⑭  입다(着る)
⑮  알다(知る)

(動詞の単語)

ㅂ니다.·습니다./ㅂ니까?·습니까?
(動詞)+〜ます/(動詞)+〜ますか

キーポイント　　　　7課〜9課

7課

私は日本人です。

名前は西本　瑛子と申します。

저는 일본 사람**입니다**.

이름은 니시모토 에이코**라고 합니다**.

8課

デパートでビビンバを食べます。

冷麺も食べます。

これはキムチではありません。ナムルです。

백화점**에서** 비빔밥**을** 먹습니다.

냉면**도** 먹습니다.

이것은 김치**가 아닙니다**. 나물입니다.

9課

店に行きますか。

店にカメラはありますか。

いいえ、カメラはありません。

가게**에** 갑니까?

가게**에** 카메라**가** 있습니까?

아뇨, 카메라**가** 없습니다.

第10課 집에서 학교까지 멉니까?
家から学校まで遠いですか。

❶ ~くない・~しない(안/~지 않다)
❷ ~から~まで(~에서~까지・~부터~까지)
❸ ~より(~보다)

가와무라 아야노 : 집**에서** 학교**까지** 멉니까?

장 지은 : 아뇨, 멀**지 않습**니다.

(**안** 멉니다.)

가와무라 아야노 : 학교까지는 버스가 빠릅니까?

자전거가 빠릅니까?

장 지은 : 버스**보다** 자전거가 더 빠릅니다.

 河村　彩乃　　家から学校まで遠いですか。
 チャン ジウン　いいえ、遠くありません。
 河村　彩乃　　学校まではバスが速いですか。
　　　　　　　　　　自転車が速いですか。
 チャン ジウン　バスより自転車がもっと速いです。

멀지 않습니다.

집에서 학교까지 멉니까?

単語		
	집	家
	에서	～から
	까지	～まで
	멉니까?	遠いですか　基本形：멀다(遠い)
	멀지 않습니다	遠くありません
		（否定形：～지 않습니다は動詞と形容詞の語幹について否定の意味を表す。パッチムの有無に関係なくつきます。）
		否定形のもう1つは動詞・形容詞の前に「안」を入れます。
	버스	バス
	빠릅니까?	速いですか　基本形：빠르다(速い)
	자전거	自転車
	보다	より
	더	もっと

「3匹のクマ」を歌ってみましょう。
(곰 세 마리 노래를 불러 봐요.)

第10課 집에서 학교까지 멉니까?　49

濃音化(농음화)

パッチム(平音) ①「ㄱ」、②「ㄷ」、③「ㅂ」の後に平音「ㄱ, ㄷ, ㅂ, ㅅ, ㅈ」が来ると、パッチムはそのままで、後の平音「ㄱ, ㄷ, ㅂ, ㅅ, ㅈ」が濃音の「ㄲ, ㄸ, ㅃ, ㅆ, ㅉ」で発音されます。これを濃音化といいます。

次の単語を書きながら発音してみましょう。

❶ パッチム「ㄱ」+「ㄱ, ㄷ, ㅂ, ㅅ, ㅈ」
　　　　　　　↓　↓　↓　↓　↓
　　　　　　「ㄲ, ㄸ, ㅃ, ㅆ, ㅉ」

ㄱ+ㄱ→ㄱ+ㄲ　국가(国家) → 국까　　학교(学校) → 학꾜
ㄱ+ㄷ→ㄱ+ㄸ　먹다(食べる) → 먹따　　식당(食堂) → 식땅
ㄱ+ㅂ→ㄱ+ㅃ　숙박(宿泊) → 숙빡　　학비(学費) → 학삐
ㄱ+ㅅ→ㄱ+ㅆ　학생(学生) → 학쌩　　역사(歴史) → 역싸
ㄱ+ㅈ→ㄱ+ㅉ　숙제(宿題) → 숙쩨　　각자(各自) → 각짜

❷ パッチム「ㄷ」+「ㄱ, ㄷ, ㅂ, ㅅ, ㅈ」
　　　　　　　↓　↓　↓　↓　↓
　　　　　　「ㄲ, ㄸ, ㅃ, ㅆ, ㅉ」

ㄷ+ㄱ→ㄷ+ㄲ　옷감(生地) → 옷깜　　숟가락(スプーン) → 숟까락
ㄷ+ㄷ→ㄷ+ㄸ　듣다(聞く) → 듣따　　있다(ある、いる) → 읻따
ㄷ+ㅂ→ㄷ+ㅃ　돋보기(虫眼鏡) → 돋뽀기　　돌솥밥(石焼きのご飯) → 돌솓빱
ㄷ+ㅅ→ㄷ+ㅆ　덧셈(足し算) → 덛쎔　　좋습니다(いいです) → 좋씀니다
ㄷ+ㅈ→ㄷ+ㅉ　낮잠(昼寝) → 낟짬　　독자(読者) → 독짜

❸ パッチム「ㅂ」+「ㄱ, ㄷ, ㅂ, ㅅ, ㅈ」
　　　　　　　↓　↓　↓　↓　↓
　　　　　　「ㄲ, ㄸ, ㅃ, ㅆ, ㅉ」

ㅂ, ㅍ+ㄱ→ㅂ+ㄲ　입구(入口) → 입꾸　　입국(入国) → 입꾹
ㅂ, ㅍ+ㄷ→ㅂ+ㄸ　입다(着る) → 입따　　쉽다(易しい) → 쉽따
ㅂ, ㅍ+ㅂ→ㅂ+ㅃ　십 분(10分) → 십뿐　　옆방(隣の部屋) → 옆빵
ㅂ, ㅍ+ㅅ→ㅂ+ㅆ　접시(皿) → 접씨　　밥상(お膳) → 밥쌍
ㅂ+ㅈ→ㅂ+ㅉ　잡지(雑誌) → 잡찌　　입장(立場) → 입짱

～くない・～しない　　안/～지 않다

「안/～지 않다」はともに否定の意味を表します。動詞・形容詞の前に「안」を入れます。動詞・形容詞の間は分かち書きをします。また、「動詞・形容詞の語幹+～지 않습니다.」のような否定形を作ることができます。

ただし、指定詞「이다(～である)」の否定形は「아니다(～ではない)」で、存在詞「있다(ある、いる)」の否定形は「없다(ない、いない)」、「알다(知る、わかる)」の否定形は「모르다(知らない、わからない)」を使い、「안」と「～지 않습니다.」の表現は使いません。

動詞・形容詞の用言前に　안		
가다(行く)	안 갑니다.	行きません
입다(着る)	안 입습니다.	着ません
공부하다(勉強する)	공부 안 합니다.	勉強しません
좁다(狭い)	안 좁습니다.	狭くありません
(값이) 비싸다 値段が(高い)	안 비쌉니다.	高くありません

動詞・形容詞の用言語幹+지 않습니다.		
가다(行く)	가지 않습니다.	行きません
입다(着る)	입지 않습니다.	着ません
공부하다(勉強する)	공부하지 않습니다.	勉強しません
좁다(狭い)	좁지 않습니다.	狭くありません
(값이) 비싸다 値段が(高い)	비싸지 않습니다.	高くありません

☆ 공부하다のように名詞+「～하다」で動詞となる場合の否定形は「～하다」の前に「안」を入れて「공부 안 합니다」のような否定形にします。「안 공부합니다(×)」

☆ 形容詞に「안」を用いると、不自然な表現になる場合があります。
　　例 건강하다(元気だ) → 안 건강하다 (×)　　건강하지 않습니다. (○)

☆ 注意：ㄹ語幹用言「놀다」は「놀」+「지 않습니다」=「놀지 않습니다.」です。しかし、「안」がつく場合は否定形「안」+「놉니다」=「안 놉니다.」になり、語幹のパッチム「ㄹ」が脱落して「～ㅂ니다.」を組み合わせます。

～から～まで　～에서~까지/~부터~까지

「~에서~까지/부터~까지」は日本語の「~から~まで」に当たります。時間は始まりから終わり、場所は出発点から到着点を表します。「~から」の意味には2つあり、1つは場所の出発点が(~에서)で、もう1つの時間や順序の起点の場合は「~에서」の代わりに「~부터」が使われます。また、「~まで」(까지)は終了の時点と最終到着地を表します。

場所(~から~まで) 에서~까지				
서울(ソウル)	에서 から	도쿄(東京)	까지 まで	서울에서 도쿄까지
공항(空港)		시내(市内)		공항에서 시내까지
학교(学校)		집(家)		학교에서 집까지
여기(ここ)		거기(そこ)		여기에서 거기까지

☆ 人に付くと「~から」は「~에게서」、「~한테서」を用います。

時間(~から~まで) 부터~까지				
오늘(今日)	부터 から	내일(明日)	까지 まで	오늘부터 내일까지
월요일(月曜日)		금요일(金曜日)		월요일부터 금요일까지
아침(朝)		저녁(夕方)		아침부터 저녁까지
언제(いつ)		언제(いつ)		언제부터 언제까지

～より　～보다

「~보다」は日本語の助詞「~より」に当たります。比較される対象となる名詞につきます。

名詞+より		助詞「より」 보다	
배(船)	보다 より	비행기(飛行機)	배보다 비행기
떡(餅)		밥(ご飯)	떡보다 밥
산(山)		바다(海)	산보다 바다

もっと：더　　ずっと：훨씬

☆ 程度を表す副詞：가장(最も)、전혀(全然)、거의(ほとんど)、매우(とても)、조금(少し)、몹시(ひどく)、자주(たびたび)

💡 交通手段(교통수단)の単語を覚えましょう。

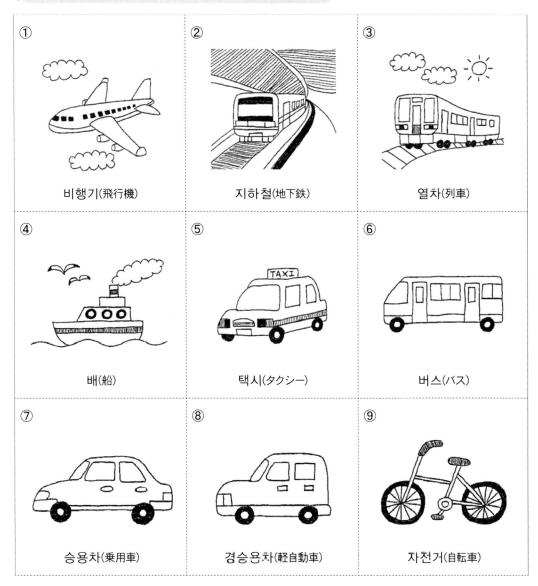

第10課 집에서 학교까지 멉니까?

練習問題

1. 보기例を参考にして完成させなさい。

> **보기例**
> 배우다(学ぶ)
> → 안 배웁니다.(学びません)
> → 배우지 않습니다.

(1) 맵다(辛い)

→ _____ 맵습니다.   맵 _____

(2) 나쁘다(悪い)

→ _____ 나쁩니다.   나쁘 _____

(3) 마시다(飲む)

→ _____ 마십니다.   마시 _____

(4) 읽다(読む)

→ _____ 읽습니다.   읽 _____

2. 보기例を参考にして完成させなさい。

> **보기例**
> 어디(どこ)   어디(どこ)
> → 어디**부터** 어디**까지**(どこからどこまで)

(1) 세 시(3時)   네 시 반(4時半)

→ 세 시 _____ 네 시 반 _____

(2) 체육관(体育館)   도서관(図書館)

→ 체육관 _____ 도서관 _____

(3) 기초(基礎)   문법(文法)

→ 기초 _____ 문법 _____

(4) 입구(入口)   출구(出口)

→ 입구 _____ 출구 _____

3. 보기例를 参考にして完成させなさい。

> 보기例   자전거(自転車)   자동차(自動車)
> → 자전거**보다** 자동차(自転車より自動車)

(1) 배(ナシ)   포도(ブドウ)

→ 배   포도
_____

(2) 라면(ラーメン)   우동(うどん)

→ 라면   우동
_____

(3) 클래식(クラシック)   발라드(バラード)

→ 클래식   발라드
_____

(4) 치마(スカート)   바지(ズボン)

→ 치마   바지
_____

 天気予報(일기예보)の単語を覚えましょう。

황사	黄砂	번개	稲光
꽃가루알레르기	花粉症	무지개	虹
꽃샘추위	花冷え	안개	霧
대설	大雪	바람	風
소나기	にわか雨、夕立	날씨	天候、天気
홍수	洪水	맑음	晴れ
가뭄	日照り	흐림	曇り
태풍	台風	진눈깨비	みぞれ
구름	雲	서리	霜
천둥	雷	지진	地震

47 身体(신체)の単語を覚えましょう。

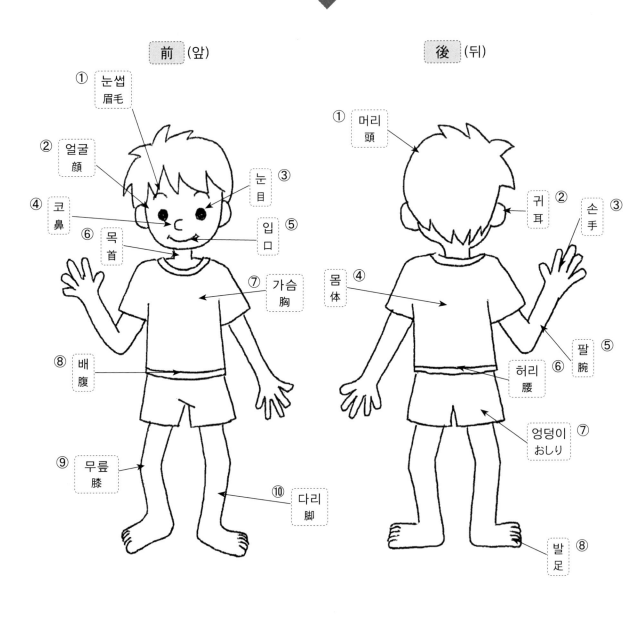

| (身体の単語) | ~에서・~부터
~から | (身体の単語) | ~까지
~まで |

第11課 이 포도는 만 원입니다.
このブドウは1万ウォンです。

- ❶ 漢字語数詞(한자어수사)
- ❷ 固有語数詞(고유어수사)
- ❸ 指示代名詞(지시대명사)
- ❹ ～と(～하고 ～와/과 ～랑/이랑)

미야케 하루: **그** 포도는 얼마입니까?

점　원: **이** 포도는 **만** 원입니다.

미야케 하루: **그** 배는 **하나**에 얼마입니까?

점　원: **이** 배는 **칠천** 원입니다.

미야케 하루: 배**하고** 포도 주세요.

점　원: 전부 **만 칠천** 원입니다.

三宅　春　　そのブドウはいくらですか。

店　　員　　このブドウは1万ウォンです。

三宅　春　　そのナシは一個いくらですか。

店　　員　　このナシは7千ウォンです。

三宅　春　　ナシとブドウをください。

店　　員　　全部で1万7千ウォンです。

이/그/저/어느	この・その・あの・どの （指示代名詞）
포도	ブドウ
얼마입니까?	いくらですか　基本形：얼마이다(いくらだ)
배	ナシ
하고	～と（パッチムの有無とは関係ない）
주세요	～ください
전부	全部

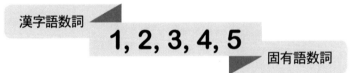

漢字語数詞　한자어수사

韓国語の数詞は漢字語数詞と固有語数詞の2種類があります。「일, 이, 삼…」は日本語の「いち, に, さん…」に当たり、년(年)、월(月)、일(日)、분(分)、초(秒)、엔(円)、원(ウォン)、과(課)、인분(人前)、층(階)、페이지(ページ)、번지(番地)、호실(号室)、전화번호(電話番号)などを表すときに用いられます。

	0	1	2	3	4	5	6	7	8	9	10
	영/공	일	이	삼	사	오	육	칠	팔	구	십

100	1,000	10,000	億	兆
백	천	만	억	조

☆ 10,000は「만」といいます。5桁以上の数は4桁ごと(万単位)に分かち書きをします。

例 1, 234, 567, 890は12억 3456만 7890と表します。これをハングルで表すと 십이억 삼천사백오십육만 칠천팔백구십、となります。

☆ 「1,000」は「일천」ではなく「천」、「10,000」は「일만」ではなく、「일」を使わずにそのまま「만」とします。

☆ 0は「영」「공」といいます。0は普通「영」ですが、電話番号や口座番号のように個々に数詞をいう時は「공」といいます。また、080-9175-4326の電話番号は「공팔공에 구일칠오에 사삼이육」といいます。ハイフン(-)は日本語と同じように의(の)と書き「에」と発音します。

✎ 한자어수사：漢字語数詞　년：年は漢字語数詞で表します。

1955年	2017年	2020年
천구백오십오 년	이천십칠 년	이천이십 년
2001年	1999年	2033年
이천일 년	천구백구십구 년	이천삼십삼 년

✎ 한자어수사：漢字語数詞　月(月)日(日)の日付は漢字語数詞で表します。

1月	2月	3月	4月	5月	6月
일 월	이 월	삼 월	사 월	오 월	유 월
7月	8月	9月	10月	11月	12月
칠 월	팔 월	구 월	시 월	십일 월	십이 월

※注意　「육월」ではなく「유월」／「십월」ではなく「시월」に形が変わります。

✎ 한자어수사：漢字語数詞　일：日

日曜日	月曜日	火曜日	水曜日	木曜日	金曜日	土曜日
일요일	월요일	화요일	수요일	목요일	금요일	토요일
		1	2	3	4	5
		일 일	이 일	삼 일	사 일	오 일
6	7	8	9	10	11	12
육 일	칠 일	팔 일	구 일	십 일	십일 일	십이 일
13	14	15	16	17	18	19
십삼 일	십사 일	십오 일	십육 일	십칠 일	십팔 일	십구 일
20	21	22	23	24	25	26
이십 일	이십일 일	이십이 일	이십삼 일	이십사 일	이십오 일	이십육 일
27	28	29	30	31		
이십칠 일	이십팔 일	이십구 일	삼십 일	삼십일 일		

※注意　십육 일 [심뉴길]
　　　　이십육 일 [이심뉴길]　語中の「육」は「뉴」に発音が変わります。

ㄴ(니은)の添加

☆ パッチムの後に「이, 야, 여, 요, 유」の母音がくると 'ㄴ(니은)' が添加され、発音がそれぞれ「니, 냐, 녀, 뇨, 뉴」に変わります。パッチムは変わらずそのままです。

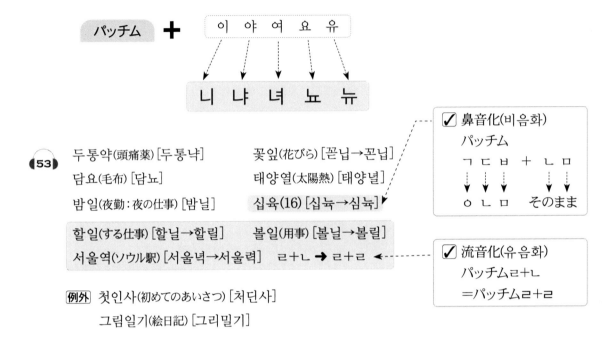

(53)
두통약(頭痛薬)[두통냑]　　꽃잎(花びら)[꼳닙→꼰닙]
담요(毛布)[담뇨]　　　　　태양열(太陽熱)[태양녈]
밤일(夜勤:夜の仕事)[밤닐]　십육(16)[십뉵→심뉵]

할일(する仕事)[할닐→할릴]　볼일(用事)[볼닐→볼릴]
서울역(ソウル駅)[서울녁→서울력]　ㄹ+ㄴ ➔ ㄹ+ㄹ

✓ 鼻音化(비음화)
パッチム
ㄱ ㄷ ㅂ ＋ ㄴ ㅁ
↓ ↓ ↓
ㅇ ㄴ ㅁ　そのまま

✓ 流音化(유음화)
パッチムㄹ+ㄴ
＝パッチムㄹ+ㄹ

例外　첫인사(初めてのあいさつ)[처딘사]
　　　　그림일기(絵日記)[그리밀기]

※ 流音(流れる音)「ㄹ」と鼻音(息が鼻から抜ける音)「ㄴ」が連続すると、鼻音が流音化されます。これを鼻音の流音化といいます。

(54) 🖉 시간표현(時間の表現)

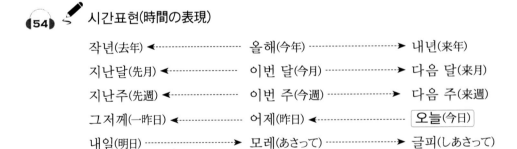

● 한국의 공휴일(韓国の祝日)

1月1日	신정(新正)	お正月
旧暦1月1日	구정(舊正)	旧正月
3月1日	삼일절(三一節)	独立運動を記念する日
5月5日	어린이날	子供の日
旧暦4月8日	석가탄신일(釋迦誕辰日)	釋迦誕生日
6月6日	현충일(顯忠日)	国の英霊をまつる日
8月15日	광복절(光復節)	独立記念日
旧暦8月15日	추석(秋夕)	仲秋節
10月3日	개천절(開天節)	建国記念日
10月9日	한글날	ハングルの日
12月25日	성탄절(聖誕節)	クリスマス

※公休ではありませんが、次のような記念日もあります。

5月8日	5月15日	10月1日
어버이날(父母の日)	스승의 날(先生の日)	국군의 날(国軍の日)

☑ お金のやり取り

- 환전(両替)
- 환율(為替レート)
- 계산하다(計算する)
- 돈을 내다(お金を出す)
- 거스름돈, 잔돈(お釣り)
- 잔돈으로 바꾸다(くずす)
- 신용카드로 결제하다(クレジットカードで支払う)

第11課 이 포도는 만 원입니다

固有語数詞　고유어수사

韓国語の固有語数詞「하나, 둘, 셋…」は日本語の「一つ、二つ、三つ、…」に当たり、시(時)、시간(時間)、장(枚)、마리(匹)、개(個)、권(冊)、살(歳)、병(瓶、本)、대(台)、사람(人)、잔(コップの数)、번(度、回)、벌(着)を用います。

固有語数詞は「하나」から「아흔아홉」まで数えられます。

(55)

一つ	하나 /한	十一	열하나 / 열한	三十	서른
二つ	둘 / 두	十二	열둘 / 열두	四十	마흔
三つ	셋 / 세	十三	열셋 / 열세	五十	쉰
四つ	넷 / 네	十四	열넷 / 열네	六十	예순
五つ	다섯	十五	열다섯	七十	일흔
六つ	여섯	十六	열여섯	八十	여든
七つ	일곱	十七	열일곱	九十	아흔
八つ	여덟	十八	열여덟	百	백
九つ	아홉	十九	열아홉		
十	열	二十	스물 / 스무		

☆ ただし、「(一つ：한) (二つ：두) (三つ：세) (四つ：네)」と「(二十：스무)」は、後に単位を表す助数詞の시(時)、장(枚)、마리(匹)、개(個)などがつくと、하나➡한、둘➡두、셋➡세、넷➡네、스물➡스무の形に変わります。

☆ 時間を表す時：時(시)には固有語数詞を、分(분)、秒(초)は漢字語数詞を使います。また、9時間などのような時間も固有語数詞を使います。

(56)

	1	2	3	4	5	6
時(시)	한 시	두 시	세 시	네 시	다섯 시	여섯 시
分(분)	일 분	이 분	삼 분	사 분	오 분	육 분
	7	8	9	10	11	12
時(시)	일곱 시	여덟 시	아홉 시	열 시	열한 시	열두 시
分(분)	칠 분	팔 분	구 분	십 분	십일 분	십이 분

🎧 7時56分(일곱 시 오십육 분)、12時30分(열두 시 삼십 분/열두 시 반)。

☆ 日付を表すときは、次のような表現をします。「초하루」はその月の最初の日で、「그믐」が最後の日を意味します。また、15日「보름」は15日間(보름 간)と15日目(보름 째)の両方を意味します。

(57)

1일(1日)	2일(2日)	3일(3日)	4일(4日)	5일(5日)
하루(초하루)	이틀	사흘	나흘	닷새
6일(6日)	7일(7日)	8일(8日)	9일(9日)	10일(10日)
엿새	이레	여드레	아흐레	열흘
11일(11日)	15일(15日)	20일(20日)	21일(21日)	30일(30日)
열하루	열닷새(보름)	스무날	스무하루	그믐

💡 하나(ハナ)から 열(ヨル)まで固有語数詞を歌いながら覚えましょう。

열꼬마 인디언

한 꼬마/두 꼬마/세 꼬마 인디언 / 네 꼬마/다섯 꼬마/여섯 꼬마 인디언

일곱 꼬마/여덟 꼬마/아홉 꼬마 인디언 / 열 꼬마 인디언 보이

ちびっ子(꼬마)　　インディアン(인디언)　　boy(보이)

指示代名詞(この その あの どの) 지시대명사(이 그 저 어느)

「이, 그, 저, 어느」は日本語の「この、その、あの、どの」に当たる指示代名詞です。また、場所を示す場合は、여기(ここ)、거기(そこ)、저기(あそこ)、어디(どこ)を使います。

この	이	その	그	あの	저	どの	어느
これ	이것	それ	그것	あれ	저것	どれ	어느 것
(縮約形)	(이거)	(縮約形)	(그거)	(縮約形)	(저거)	(縮約形)	(어느 거)
これが	이것이	それが	그것이	あれが	저것이	どれが	어느 것이
(縮約形)	(이게)	(縮約形)	(그게)	(縮約形)	(저게)	(縮約形)	(어느 게)
これは	이것은	それは	그것은	あれは	저것은	どれは	어느 것은
(縮約形)	(이건)	(縮約形)	(그건)	(縮約形)	(저건)	(縮約形)	(어느 건)
これを	이것을	それを	그것을	あれを	저것을	どれを	어느 것을
(縮約形)	(이걸)	(縮約形)	(그걸)	(縮約形)	(저걸)	(縮約形)	(어느 걸)
ここを	여기를	そこを	거기를	あそこを	저기를	どこを	어디를
(縮約形)	(여길)	(縮約形)	(거길)	(縮約形)	(저길)	(縮約形)	(어딜)

第11課 이 포도는 만 원입니다

✎ 위치 : 位置　여기는 어디입니까? (ここはどこですか)
　　　　　여기는 우체국입니다. (ここは郵便局です)

앞 前, 手前	↔	뒤 後, 裏	위 上	↔	아래, 밑 下, 底	안, 속 中, 内側	↔	밖 外
오른쪽 右	↔	왼쪽 左	입구 入口	↔	출구 出口	상 上	중 中	하 下
옆 橫, 隣	사이 間	이쪽 こちら	저쪽 あちら	맞은편 向かい側	큰 길 大通り	골목 路地	횡단보도 橫斷步道	
동쪽 東側	서쪽 西側	남쪽 南側	북쪽 北側	근처 近く	가운데 真ん中			
쭉 가다/똑바로 가다 まっすぐ行く	횡단보도를 건너다 橫斷步道を渡る							

☆ 位置を表す単語の前では「〜の」に当たる助詞を使いません。

✓ 位置(위치)

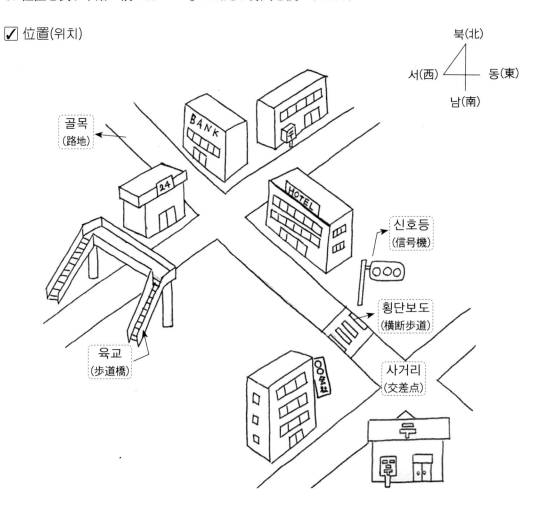

※ 疑問詞には、次のようなものがあります。

누구	무엇/뭐(短縮形)	어디	언제	얼마	왜
誰	何	どこ	いつ	いくら	なぜ

이 사람은 누구입니까?	この人は誰ですか。
이게 무엇이에요?	これは何ですか。
영화관이 어디입니까?	映画館はどこですか。
생일이 언제입니까?	誕生日はいつですか。
이거 얼마예요?	これはいくらですか。
왜요?	何故ですか。

～と　～하고　～와/과　～랑/이랑

「～하고」は日本語の「～と」に当たり、名詞に付いて羅列・比較などの意味を表します。

パッチムの有無に関係なくそのまま使う助詞であり、母音で終わる名詞の後では「～와/～랑」、子音で終わる名詞の後では「～과/～이랑」を使います。また、「～랑」「～이랑」は会話でよく使われますが、書き言葉としてはあまり使いません。しかし、「～과」「～와」は書き言葉でも、話し言葉でも両方使われます。

パッチムない名詞＋하고/와/랑			
할아버지 (祖父)	하고 와 랑 と	할머니 (祖母)	할아버지하고 할머니 할아버지와 할머니 할아버지랑 할머니
パッチムある名詞＋하고/과/이랑			
연필 (鉛筆)	하고 과 이랑 と	지우개 (消しゴム)	연필하고 지우개 연필과 지우개 연필이랑 지우개

練習問題

1. 보기例를 参考にして完成させなさい。

	1	2	3	4	5	
漢字語数詞 →	일 하나(한)	이 둘(두)	삼 셋(세)	사 넷(네)	오 다섯	← 固有語数詞
→	6	7	8	9	10	←
	육 여섯	칠 일곱	팔 여덟	구 아홉	십 열	

보기例 제 생일은 7월 6일이에요. (私の誕生日は7月6日です)
제 생일은 칠 월 육 일이에요. (月、日:漢字語数詞)

(1) 전화번호는(電話番号は) 8394-4982(漢字語数詞)

→ 전화번호는 _____ 번이에요.

(2) 현금자동입출금기(ATM) / 2층(漢字語数詞)

→ 현금자동입출금기는 _____ 에 있어요.

(3) 지금(今) / 2시 10분 전(時:固有語数詞)(分:漢字語数詞)

→ 지금은 _____ 이에요.

(4) 그 포도(ブドウ)랑 / 저 사과(リンゴ) / 5개(固有語数詞) / 씩(ずつ)

→ 그 포도랑 저 사과 _____ 씩 주세요.

(5) 제 나이는 27살(固有語数詞)이에요.

→ 제 나이는 _____ 이에요.

(6) 집에 고양이 1마리와 개 2마리(固有語数詞)

→ 집에 고양이 ____ 마리와 개 ____ 마리가 있습니다.

2. 보기例を参考にして完成させなさい。

> 보기例　1988年 6月 11日です(漢字語数詞)
> 천구백팔십팔 년 유 월 십일 일이에요.

(1) 2001年 7月 6日です

→ _____ 이에요.

(2) 1955年 11月 7日です

→ _____ 이에요.

(3) 2015年 8月 20日です

→ _____ 이에요.

(4) 1950年 7月 18日です

→ _____ 이에요.

3. 보기例を参考にして完成させなさい。

> 보기例　과자(菓子)　3,000원(ウォン) (漢字語数詞)
> 과자는 삼천 원이에요.(菓子は3千ウォンです)

(1) 아이스크림(アイスクリーム)　4,000원(4,000ウォン)

→ _____ 원이에요.

(2) 티셔츠(Tシャツ)　115,000원(115,000ウォン)

→ _____ 원이에요.

(3) 꽃다발(花束)　50,000원(50,000ウォン)

→ _____ 원이에요.

(4) 손목시계(腕時計)　300,000원(300,000ウォン)

→ _____ 원이에요.

第12課 저 분이 오카자키 선생님이십니까?
あの方が岡崎先生でいらっしゃいますか。

❶ ～られる・お～になる・～でいらっしゃる(～(으)시다/～(으)세요.(?)、
　　　　　～(이)시다/～(이)세요.(?)
❷ ～して・～くて(～고)　❸ ～の(～의)

장 지은 : 오카자키 선생님 **계십니까?**(=계세요?)

가와무라 아야노 : 지금 안 **계십니다.**(=안 계세요.)

장 지은 : 저 분이 오카자키 선생님**이십니까?**

(=선생님이세요?)

가와무라 아야노 : 네, 저 분이 오카자키 선생님**이십니다.**

(=선생님이세요.)

장 지은 : 선생님**의** 연구실은 넓**고** 깨끗합니까?

가와무라 아야노 : 네, 넓**고** 깨끗합니다.

 チャン ジウン　岡崎先生いらっしゃいますか。

 河村　彩乃　今、いらっしゃいません。

 チャン ジウン　あの方が岡崎先生でいらっしゃいますか。

 河村　彩乃　はい、あの方が岡崎先生でいらっしゃいます。

 チャン ジウン　先生の研究室は広くて綺麗ですか。

 河村　彩乃　はい、広くて綺麗です。

오카자키 선생님

저 분이 오카자키 선생님이십니까?

네, 저 분이 오카자키 선생님이십니다.

単語

61

선생님	先生 （様）
계십니까?	いらっしゃいますか　基本形：계시다(いらっしゃる)
안 계십니다.	いらっしゃいません （否定文の1つ）
분	方
이십니까?	～でいらっしゃいますか　基本形：「이다」で尊敬語が「이시다」
의	～の
연구실	研究室
넓고	広くて　基本形：넓다(広い)
깨끗합니까?	綺麗ですか　基本形：깨끗하다(綺麗だ)

62 人の性格を表す形容詞(사람의 성격을 나타내는 형용사)の単語を覚えましょう。

심술궂다	意地悪い	수수하다	地味だ	애매하다	あいまいだ
착하다	優しい	조용하다	静かだ	뻔뻔하다	ずうずうしい
차갑다	冷たい	부끄럽다	恥ずかしい	과묵하다	無口だ
명랑하다	朗らかだ	친절하다	親切だ	대범하다	大らかだ
냉정하다	冷静だ	시끄럽다	騒がしい	솔직하다	率直だ
비겁하다	卑怯だ	간사하다	ずるい	성실하다	誠実だ
정직하다	正直だ	얌전하다	おとなしい	변덕스럽다	気まぐれだ

流音化(유음화)

　パッチム「ㄴ」の後に「ㄹ」が来る場合、および、パッチム「ㄹ」の後に「ㄴ」が来る場合はどちらも「ㄹ」と発音されます。すなわち、「ㄴ＋ㄹ」と「ㄹ＋ㄴ」→「ㄹ＋ㄹ」となります。「ㄴ」の音が「ㄹ」に変化するのでこれを流音化といいます。

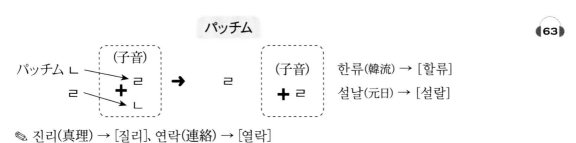

- 진리(真理) → [질리]、연락(連絡) → [열락]
- 실내(室内) → [실래]、일 년(一年) → [일련]

アルファベットの発音を覚えましょう。

A	B	C	D	E
에이	비	시/씨	디	이
F	G	H	I	J
애프	지	에이치	아이	제이
K	L	M	N	O
케이	엘	엠	엔	오
P	Q	R	S	T
피	큐	알/아르	에스	티
U	V	W	X	Y
유	브이	더블유	엑스	와이
Z				
제트/젯/지				

☑ メールアドレスやURL

@	・	―	/	com
(アットマーク)	(ドット)	(ハイフン)	(スラッシュ)	(コム)
앳마크 골뱅이	닷 점	하이픈	슬래시	컴

第12課　저 분이 오카자키 선생님이십니까?

| ～られる・お～になる | ～(으)시다/～(으)세요.(?) |
| ～でいらっしゃる | ～(이)시다/～(이)세요.(?) |

「～(으)시다/～(이)시다」は目上の人、年上の人に対して使う丁寧な敬語です。動詞(一部の形容詞)に接続して尊敬の意味を表します。

母音語幹には「～시」、子音語幹には「～으시」が接続されます。すなわち、(子音語幹＋으시다)と(母音語幹＋시다)のようになります。

また、指定詞「이다」の語幹「이」に＋시다を接続して尊敬形を作ります。ㄹ語幹の場合は、ㄹが脱落して(語幹＋시다)となります。「이다」のような指定詞の前には、人の意味の名詞がきます。

～(으)세요.(?)は丁寧な命令、提案、要求の意味を表す表現です。敬語の시＋요体の語尾に어요を接続するものであり、母音語幹は「～세요.(?)」、子音語幹が「～으세요.(?)」となります。

	語幹 (어간)			
보다 (見る)	보	시다	보십니다./보세요.	보십니까?/보세요?
	(ご覧になる)		ご覧になります	ご覧になりますか
열다 (開ける) (★ㄹ語幹用言)	여	시다	여십니다./여세요.	여십니까?/여세요?
	(お開けになる)		お開けになります	お開けになりますか
앉다 (座る)	앉	으시다	앉으십니다./앉으세요.	앉으십니까?/앉으세요?
	(お座りになる)		お座りになります	お座りになりますか
선생님이다 (先生である)	선생님이	시다	선생님이십니다./ 선생님이세요.	선생님이십니까?/ 선생님이세요?
	(先生でいらっしゃる)		先生でいらっしゃいます	先生でいらっしゃいますか

✓ 以下の単語は単語自体に尊敬の意が含まれています。

있다 (いる)	계시다 (いらっしゃる)	계세요.	계십니다.
		いらっしゃいます	
없다 (いない)	안 계시다 (いらっしゃらない)	안 계세요.	안 계십니다.
		いらっしゃいません	
먹다/마시다 (食べる/飲む)	잡수시다/드시다 (召し上がる)	드세요.	드십니다.
		召し上がります	
말하다 (言う)	말씀하시다 (おっしゃる)	말씀하세요.	말씀하십니다.
		おっしゃいます	
자다 (寝る)	주무시다 (お休みになる)	주무세요.	주무십니다.
		お休みになります	
아프다 (痛い)	편찮으시다 (具合が悪い)	편찮으세요.	편찮으십니다.
		具合が悪いです	
죽다(死ぬ)	돌아가시다, 세상을 떠나시다 (お亡くなりになる)	「돌아가셨다」過去形だけ	
주다(あげる)	드리다(差し上げる)	드리세요.	드리십니다.
		差し上げます	
묻다(尋ねる)	여쭈다(お伺いする)	여쭈세요.	여쭈십니다.
		お伺いします	
만나다(会う)	뵙다(お目にかかる)	뵈세요.	뵙습니다.
		お目にかかります	

☆ 있다/없다는、主体が人以外(時間・約束など)の場合は「있으시다/없으시다」を使います。

☆ 「~세요?/~이세요?」は「~예요?/~이에요?」の尊敬語で、目上の人に対して、その人自身のことを尋ねる場合に使います。

「~세요?/~이세요?:でいらっしゃいますか」という意味	
パッチムない+세요?	パッチムある+이세요?
누구세요?(どなたですか)	일본 분이세요?(日本の方ですか)

☆ 注意:「일본 분이세요?(日本の方ですか)」と聞かれたとき、返事に「네, 일본 분이세요(はい、日本の方です)」と答えないように気をつけてください。答えは次のとおりです。

일본 분이세요?(日本の方ですか)

→ 네, 일본 사람이에요. (はい、日本人です)

※ 以下の名詞は、名詞自体が尊敬語の単語です。

이름 名前	→	성함 お名前	사람 人	→	분 方
밥 ご飯	→	진지 お食事	집 家	→	댁 お宅
나이 歳	→	연세 お歳	생일 誕生日	→	생신 お誕生日
말 言葉	→	말씀 お言葉、おっしゃること	병 病気	→	병환 ご病気
술 酒	→	약주 お酒	부모 両親	→	부모님 ご両親
아버지 父	→	아버님 お父様	어머니 母	→	어머님 お母様

* 韓国語で手紙を送るとき、始まりは「서현 씨께(ソヒョンさんへ)」、最後は「와타나베 올림(渡辺よりささげます)/와타나베 드림(渡辺より差し上げます)」、また友達同士では「와타나베씀(渡辺が書きました)」、「와타나베가(渡辺が書きました)」「와타나베로부터(渡辺より)」のように表現します。また、パッチムがある名前の場合は「서현이가(ソヒョンが書きました)」、「서현이로부터(ソヒョンより)」のように表現します。

〜して・くて 〜고

「〜고」は2つ以上の動作や状態を並べて言う場合に使う接続詞です。動詞・形容詞の語幹＋「〜고」であり、パッチムの有無に関係なく、「다」の代わりに「〜고」にします。

	語幹(어간)		
찾다(探す)	찾	고 〜して 〜くて	찾고(探して)
열이 나다(熱が出る)	열이 나		열이 나고(熱が出て)
재미있다(面白い)	재미있		재미있고(面白くて)
덥다(暑い)	덥		덥고(暑くて)

〜の 〜의

「〜의」は日本語の「の」に当たる助詞であり、発音は「エ」となります。

「先生の本(선생님의 책)」のように体言に接続して所有、所属関係の意を表します。しかし、その前後の関係がはっきりしている場合は省略する場合もあります。

☆ 話し言葉では「〜의」が省略されることが多いです。

「私の」の「저의」は、縮約された形の「제」が使われる場合が多いです。

体言+의		
先生の本	友達の鉛筆	父の故郷
선생님의 책	친구의 연필	아버지의 고향

※「의」の発音

> 의자(椅子) [ウィジャ] →単語の最初に現れた場合は [ウィ]
> 회의(会議) [フェイ] →単語の後に現れた場合は [イ]
> 친구의(友達の) [チングエ] →日本語の「〜の」に当たる助詞は [エ]

接続詞の種類(접속사의 종류)の単語を覚えましょう。

그러나	しかし、だが、けれども	그런데	ところで
그렇지만	しかし、だが、でも	그래도	それでも
그러니까	だから、つまり	그리고	そして
그러면	それなら	즉	すなわち
그렇다고 해서	そうかといって	다시 말해	言い換えれば
게다가	その上	왜냐하면	なぜなら
그래서	それで、だから	그럼	それでは、それなら
그러므로	それゆえ	하지만	しかし、けれども
또	また	혹은	もしくは

練習問題

1. 보기例を参考にして完成させなさい。

> 보기例　　자다(寝る)
> → **주무십니다. 주무세요.**(お休みになります)

> 　　　　　가르치다(教える)
> → 가르치**십니다.** 가르치**세요.**(お教えになります)

(1) 살다(住む) (★ㄹ語幹用言)

→ _____　_____

(2) 잘하다(上手だ)

→ _____　_____

(3) 오다(来る)

→ _____　_____

(4) 찾다(探す)

→ _____　_____

2. 보기例を参考にして完成させなさい。

> 보기例　　이 가방은 싸다(このカバンは安い)　디자인도 좋다(デザインもいい)
> → 이 가방은 싸고 디자인도 좋습니다.
> 　(このカバンは安くてデザインも良いです)

> 　　　　　청소하다(掃除する)　빨래하다(洗濯する)
> → 청소하고 빨래**합니다.**(掃除して洗濯します)

(1) 방은 좁다(部屋は狭い)　어둡다(暗い)

→ _____

(2) 저녁을 먹다(夕飯を食べる)　산책하다(散歩する)

→ _____

(3) 세수를 하다(顔を洗う)　이를 닦다(歯を磨く)

→ _____

(4) 목이 아프다(のどが痛い) 배도 아프다(お腹も痛い)
   →

3. 보기例を参考にして完成させなさい。

   보기例   어머니(お母さん) 요리(料理)
   → 어머니의 요리(お母さんの料理)

   (1) 저(私) 친구(友達)
   →

   (2) 한국(韓国) 수도(首都)
   →

   (3) 오늘(今日) 숙제(宿題)
   →

   (4) 이 달(今月) 계획(計画)
   →

野菜(야채)の単語を覚えましょう。

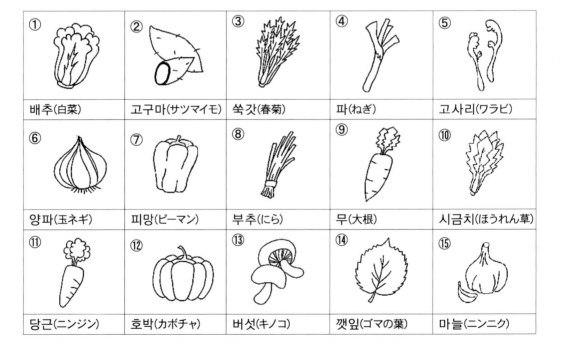

家族の呼称(가족호칭)の単語を覚えましょう。

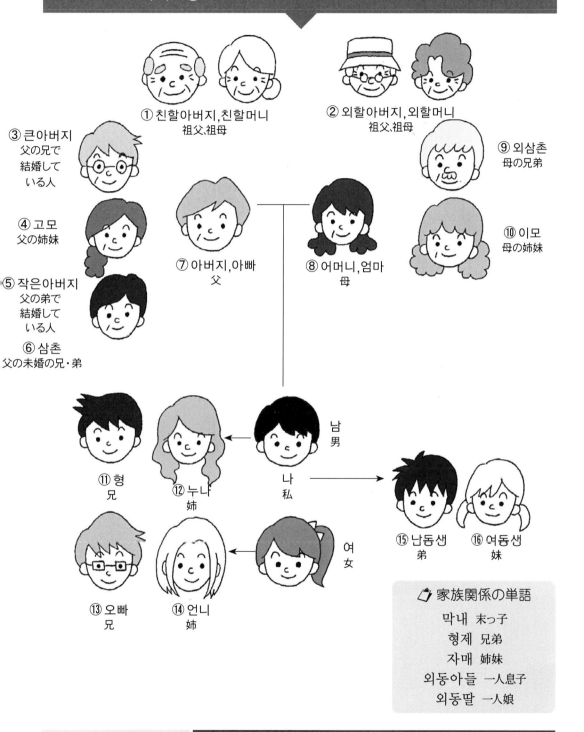

(家族の単語) | 계십니다. · 계십니까?
いらっしゃいます · いらっしゃいますか

第12課 저 분이 오카자키 선생님이십니까?

キーポイント　　　　　　　　　　10課〜12課

10課

朝から昼まで韓国語の勉強をしません。
英語より韓国語を勉強します。

> 아침**부터** 점심**까지** 한국어 공부를 **안** 합니다.
> 영어**보다** 한국어를 공부합니다.

11課

お父さんとお母さんと
ここで5時に会います。

> 아버지**하고** 어머니**하고** 함께
> **여기**에서 5시에 만납니다.

12課

崔先生はいらっしゃいますか。
先生の日ですので、ほんの気持ちですが
花束とプレゼントを持って来ました。

> 최선생님 **계십니까?**
> 스승**의** 날을 맞아서 작은 성의로
> 꽃다발이랑 선물을 가지고 왔습니다.

＊韓国では5月15日が先生の日で、学生が先生に感謝の気持ちを伝える日です。

第13課 좀 비싸요. 깎아 주세요.
ちょっと、高いです。負けてください。

❶ ~ます・~です/~ますか・ですか(~아요.(?)어요.(?)해요.(?))
❷ ~てください(~아/어/해 주세요.)
❸ ~します(~(으)ㄹ게요.)

미야케 하루 : 이 옷은 얼마예요?

점　원 : 사만 오천 원이에요.

미야케 하루 : 좀 비싸요. 깎아 주세요.

점　원 : 알았어요. 오천 원 깎아 줄게요.

미야케 하루 : 네, 감사합니다.

점　원 : 네, 안녕히 가세요.

 三宅　春　　この服はいくらですか。

 店　　員　　4万5千ウォンです。

 三宅　春　　ちょっと、高いです。負けてください。

 店　　員　　分かりました。5千ウォン安くしてあげますよ。

 三宅　春　　はい、ありがとうございます。

 店　　員　　どうも、お気をつけてください。

単語

옷	服
얼마예요?	いくらですか　基本形:얼마이다(いくらだ)
원	ウォン　(韓国のお金の単位)
좀	ちょっと
비싸요	(値段が)高いですね　基本形:비싸다(高い)
깎아 주세요	負けてください　흥정「値段交渉」において「깎다」の意味は「削る・刈る」です
알았어요	わかりました　(알다の過去形) 基本形:알다(わかる)
줄게요	あげますよ　基本形:주다(あげる)
감사합니다	ありがとうございます/感謝します 基本形:감사하다(感謝する) 韓国では客が商人に「たくさん売ってください(많이 파세요)」とか「また来ます(또 올게요)」などのあいさつもあります
안녕히 가세요	さようならの意味です

ㅎの弱化(ㅎ변화)

パッチム「ㅎ」の後に母音が続くと、「ㅎ」の音が弱くなり、ほとんど発音されません。また、パッチム「ㄴ, ㄹ, ㅁ, ㅇ」の後に、「ㅎ」が続くときも、ほとんど発音されません。

☑ パッチム「ㅎ」＋ㅇ ➡ ㅎ(発音されない)

例 좋아요(良いです)[조아요]、많아요(多いです)[마나요] → [(ㅎ)弱化した発音]

パッチム ㄴ / ㄹ / ㅁ / ㅇ ＋ (子音) ＋ ㅎ ➡ 번호(番号) → [버노]
올해(今年) → [오래]
음향(音響) → [으먕]
평화(平和) → [평와]

パッチムが「ㅎ」に移ります。

頭音法則(두음법칙)

語頭に「ㄹ」、あるいは「ㄴ」が来ると、語頭の「ㄹ」と「ㄴ」が「ㅇ」に変わります。これを頭音法則といいます。特に、頭音法則は漢字語でよくみられます。

예절(礼節)　語頭　례절 → [예절]

✎ 녀자(女子) → [여자]、류행(流行) → [유행]
력사(歷史) → [역사]、량심(良心) → [양심]
료리(料理) → [요리]、련락(連絡) → [연락]

☑ 해요体で味を表す表現(해요체로 맛을 나타내는 표현)

唐辛子	맵다 (辛い)	고추는 매워요. (唐辛子は辛いです)	「ㅂ」不規則用言 (第16課)
塩　醤油	짜다 (塩辛い)	소금·간장은 짜요. (塩·醤油は塩辛いです)	縮約形
チョコレート	달다 (甘い)	초콜릿은 달아요. (チョコレートは甘いです)	陽母音
薬	쓰다 (苦い)	약은 써요. (薬は苦いです)	「으」不規則用言
レモン	시다 (酸っぱい)	레몬은 시어요./셔요. (レモンは酸っぱいです)	縮約形
カキ	떫다 (しぶい)	감은 떫어요. (柿はしぶいです)	陰母音
ゴマ	고소하다 (香ばしい)	깨는 고소해요. (ゴマは香ばしいです)	하다の用言

| ～ます・～です ～ますか・～ですか | ～아요./어요./해요. ～아요?/어요?/해요? |

「～아요.(?)어요.(?)해요.(?)」は会話でよく使われるものであり、動詞・形容詞の語幹に接続して丁寧語(～します/しますか)の意味を表します。「～ㅂ니다./～습니다.」より「～아요./어요./해요.」は打ち解けたより親しみのこもった表現です。

作り方はㅏ, ㅗ語幹の場合は「陽母音＋아요.」、ㅏ, ㅗ以外の語幹の場合は「陰母音＋어요.」で、「하다(する)」で終わる用言の場合は「하」＋여요(하여요 ➡ 해요.)になります。疑問文には「?」をつけます。

陽母音		「ㅏ,ㅗ」の語幹＋아요.(?)		
알다 (知る)	알	아요.(?)	알아요. 知っています	알아요? 知っていますか
놀다 (遊ぶ)	놀		놀아요. 遊びます	놀아요? 遊びますか
낮다 (低い)	낮		낮아요. 低いです	낮아요? 低いですか
높다 (高い)	높		높아요. 高いです	높아요? 高いですか
앉다 (座る)	앉		앉아요. 座ります	앉아요? 座りますか

陰母音		「ㅏ,ㅗ以外」の語幹＋어요.(?)		
웃다 (笑う)	웃	어요.(?)	웃어요. 笑います	웃어요? 笑いますか
잊다 (忘れる)	잊		잊어요. 忘れます	잊어요? 忘れますか
길다 (長い)	길		길어요. 長いです	길어요? 長いですか
적다 (少ない)	적		적어요. 少ないです	적어요? 少ないですか
찍다 写真を(撮る)	찍		찍어요. 撮ります	찍어요? 撮りますか

※「하다」用言の場合は「하+여요 ➡ 해요.」になります。

해요	하語幹+「ㅕ」=해요.(?)			
좋아하다 (好きだ)	좋아하	하+여 ↓ 해요.(?)	좋아해요. 好きです	좋아해요? 好きですか
친절하다 (親切だ)	친절하		친절해요. 親切です	친절해요? 親切ですか
깨끗하다 (綺麗だ)	깨끗하		깨끗해요. 綺麗です	깨끗해요? 綺麗ですか
주문하다 (注文する)	주문하		주문해요. 注文します	주문해요? 注文しますか

☆ 요体はイントネーションによって表現の意味が異なります。語尾のイントネーションを上げると疑問文、下げると勧誘形、命令形、叙述形になります。

「하다」がつく動詞を覚えましょう。

결혼하다	생각하다	고백하다	고민하다
結婚する	考える	告白する	悩む
확인하다	노력하다	이해하다	양보하다
確認する	努力する	理解する	譲る

✎ (縮約形の場合)축약형의 경우
次の場合は縮約形となります。
① 語幹末にパッチムの無い母音が「ㅏ, ㅓ, ㅐ, ㅔ, ㅕ」の場合、語幹末と同一の音が続くために省略されます(母音が縮約)。
② 語幹末にパッチムが無く、
語幹末の母音が「ㅗ」の場合 → ㅗ+ㅏ요 ➡ 와요.
語幹末の母音が「ㅜ」の場合 → ㅜ+ㅓ요 ➡ 워요.
語幹末の母音が「ㅣ」の場合 → ㅣ+ㅓ요 ➡ ㅕ요.
語幹末の母音が「ㅚ」の場合 → ㅚ+ㅓ요 ➡ ㅙ요.
のように母音が一緒になります。

※「쉬다:休む」の場合→쉬+어요:쉬어요. 休みます(「어」は縮約できない)
※「띄다:目につく」の場合→띄+어요:(눈에)띄어요.(目に)つきます(「어」は縮約できない)
②は異なる母音が続くために音が合成されます。

①	사다(買う) ㅏ+아 ➡ ㅏ	사+아요. 사+아요?	사요.(買います) 사요?(買いますか)
	서다(立つ) ㅓ+어 ➡ ㅓ	서+어요. 서+어요?	서요.(立ちます) 서요?(立ちますか)
	지내다(過ごす) ㅐ+어 ➡ ㅐ	지내+어요. 지내+어요?	지내요.(過ごします) 지내요?(過ごしますか)
②	보다(見る) ㅗ+아 ➡ ㅘ	보+아요. 보+아요?	봐요.(見ます) 봐요?(見ますか)
	배우다(学ぶ,習う) ㅜ+어 ➡ ㅝ	배우+어요. 배우+어요?	배워요.(学びます) 배워요?(学びますか)
	마시다(飲む) ㅣ+어 ➡ ㅕ	마시+어요. 마시+어요?	마셔요.(飲みます) 마셔요?(飲みますか)
	되다(なる) ㅚ+어 ➡ ㅙ	되+어요. 되+어요?	돼요.(なります) 돼요?(なりますか)
※	뛰다(走る) ㅟ+어 ➡ ㅟ어	뛰+어요. 뛰+어요?	뛰어요.(走ります) 뛰어요?(走りますか)
※	띄다((目に)つく) ㅢ+어 ➡ ㅢ어	띄+어요. 띄+어요?	띄어요.((目に)つきます) 띄어요?((目に)つきますか)

※否定文の해요体

動詞・形容詞・名詞	~아요./어요./해요.	안	語幹+지 않아요.
자다 寝る	자요. 寝ます	안 자요. 寝ません	자지 않아요. 寝ません
먹다 食べる	먹어요. 食べます	안 먹어요. 食べません	먹지 않아요. 食べません
놀다 遊ぶ	놀아요. 遊びます	안 놀아요. 遊びません	놀지 않아요. 遊びません
좋다 いい	좋아요. いいです	안 좋아요. よくありません	좋지 않아요. よくありません
지우개 消しゴム	지우개예요. 消しゴムです	지우개가 아니에요. 消しゴムではありません	
연필 鉛筆	연필이에요. 鉛筆です	연필이 아니에요. 鉛筆ではありません	

形容詞の前に一部だけつけられます。

存在詞	語幹+어요.	안	語幹+지 않아요.
있다 ある・いる	있어요. あります・います		있지 않아요.
⇅	⇅		⇅
없다 ない・いない	없어요. ありません・いません		없지 않아요.

反対の意味の言葉がある場合は「안」をつけられません。

✎「으」不規則用言（「으」불규칙용언）

「으」で終わる用言に「아/어」で始まる語尾がつくと「ㅡ」が脱落します。すなわち、前の母音がㅏ, ㅗのような陽母音の場合は「＋아요.」、ㅏ, ㅗ以外の陰母音の場合は「＋어요.」となります。これは「으」変則、あるいは「으」不規則用言といいます。

基本形	～아 / 어요.		ㅂ니다.
아프다(痛い)	아프 ➡ 아ㅍ＋ㅏ요	아파요.	아픕니다.
나쁘다(悪い)	나쁘 ➡ 나ㅃ＋ㅏ요	나빠요.	나쁩니다.
기쁘다(嬉しい)	기쁘 ➡ 기ㅃ＋ㅓ요	기뻐요.	기쁩니다.
예쁘다(きれいだ)	예쁘 ➡ 예ㅃ＋ㅓ요	예뻐요.	예쁩니다.
크다(大きい)	크 ➡ ㅋ＋ㅓ요	커요.	큽니다.
쓰다(書く)	쓰 ➡ ㅆ＋ㅓ요	써요.	씁니다.

✎「르」不規則用言（「르」불규칙용언）

「르」で終わる用言の大半がこれに属します。語幹「르」が脱落し、「르」で終わる用語に「아/어」で始まる語尾がつくと「르아/르어」が「ㄹ라/ㄹ러」に変わります。これを「르」不規則用言といいます。

基本形	～아 / 어요.		ㅂ니다.
모르다(知らない)	모르 ➡ 모＋ㄹ라요	몰라요.	모릅니다.
빠르다(速い)	빠르 ➡ 빠＋ㄹ라요	빨라요.	빠릅니다.
자르다(切る)	자르 ➡ 자＋ㄹ라요	잘라요.	자릅니다.
기르다(養う)	기르 ➡ 기＋ㄹ러요	길러요.	기릅니다.
서두르다(急ぐ)	서두르 ➡ 서두＋ㄹ러요	서둘러요.	서두릅니다.
부르다(呼ぶ, 歌う, お腹がいっぱいだ)	부르 ➡ 부＋ㄹ러요	불러요.	부릅니다.
※右の例のように語幹末が「르」であっても、「으」不規則用言のように活用するものもあります。	따르다(従う)	따라요.	따릅니다.
	치르다(支払う)	치러요.	치릅니다.

✎「러」不規則用言（「러」불규칙용언）

語幹が「르」で終わる用言の中には「러」不規則用言といわれるものもあります。푸르다(青い)、이르다(至る)、などがこれに当たります。「아/어」で始まる語尾が続くと「르＋어」が「르러」に変わります。これは「러」変則、あるいは「러」不規則用言といいます。

基本形	～아 / 어요.		ㅂ니다.
푸르다(青い)	푸르 ➡ 푸르＋러요	푸르러요.	푸릅니다.
이르다(至る)	이르 ➡ 이르＋러요	이르러요.	이릅니다.

～てください　～아/어/해 주세요.

「～아/어/해 주세요.」は相手に丁寧な依頼・命令などをするときに使います。

「陽母音＋～아 주세요.」、「陰母音＋～어 주세요.」、「하語幹＋～여 주세요(해 주세요.)」よりかしこまった丁寧な表現は「～아/어/여(해) 주십시오.」です。名詞の後に「주세요.」が続くと「～(を)ください」の意味になります。

例　용돈을 주세요.（小遣いをください）

	基本形	語幹(어간)	～でください	
양모음 (陽母音)	깎다 (値切る)	깎	아 주세요.	깎아 주세요. まけてください
	오다 (来る)	오		(오+ㅏ)와 주세요. 来てください
음모음 (陰母音)	세우다 (止める)	세우	어 주세요.	(세우+ㅓ)세워 주세요. 止めてください
	보이다 (見せる)	보이		(보이+ㅓ:ㅕ)보여 주세요. 見せてください
해 하語幹+ㅕ	말하다 (話す)	말하	해 주세요.	말해 주세요. 話してください
	포장하다 (包装する)	포장하		포장해 주세요. 包装してください

※ これをもっとください。이거 더 주세요.

～します　～(으)ㄹ게요.

「～(으)ㄹ게요.」は話し手の意志・確認・約束の意味を表します。動詞にパッチムがない場合は「～ㄹ게요.」、パッチムがある場合は「～을게요.」、ㄹ語幹用言の場合はㄹが脱落し、「～ㄹ게요.」をつけます。この表現は、会話用の言葉で目上の人には使わないです。

基本形	語幹(어간)	～します	
기다리다(待つ)	기다리	ㄹ게요.	기다릴게요.(待ちます)
공부하다(勉強する)	공부하		공부할게요.(勉強します)
팔다(売る) (★ㄹ語幹用言)	팔		팔게요.(売ります)
씻다(洗う)	씻	을게요.	씻을게요.(洗います)
먹다(食べる)	먹		먹을게요.(食べます)

副詞語の表現(부사어 표현)の単語を覚えましょう。

갑자기	突然、急に	특히	特に
거의	ほとんど	설마	まさか
가끔	たまに	아까	さっき
가장	一番	억지로	むりやり
같이, 함께	一緒に	아직	まだ
꼭	必ず	똑바로, 곧바로	まっすぐに
늘, 언제나, 항상	いつも	반드시	必ず、きっと
다, 모두	すべて	천천히	ゆっくり
다시	再び	일부러	わざわざ
일찍	早い	잠깐	しばらく
열심히	熱心に	빨리	速く
굉장히	すごく	전혀	まったく
대체로	大体	혹시	もしも
별로	あまり	벌써	すでに、もう

よく使うフレーズを覚えましょう。

감기에 걸리다	風邪を引く	도시락을 싸다	お弁当を作る
배가 고프다	お腹が空いている	돈을 찾다	お金をおろす
한턱 내다	おごる、ご馳走する	시험에 붙다	試験に受かる
마음에 들다	気に入る	시험에 떨어지다	試験に落ちる
땀이 나다	汗が出る	신경을 쓰다	気をつかう

練習問題

1. 보기例を参考にして完成させなさい。

> **보기例**
> 먹다(食べる)
> ➡ 먹어요.(食べます)   ➡ 먹어요?(食べますか)

> 가다(行く)
> ➡ 가요.(行きます)   ➡ 가요?(行きますか)

(1) 보다(見る)
➡

(2) 마시다(飲む)
➡

(3) 기다리다(待つ)
➡

(4) 쉬다(休む)
➡

(5) 만나다(会う)
➡

(6) 사다(買う)
➡

(7) 살다(住む)
➡

(8) 멀다(遠い)
➡

(9) 듣다(聞く) (★ㄷ不規則用言)
➡

(10) 읽다(読む)
➡

(11) 좋다(良い)
➡

(12) 예쁘다(きれいだ) (★으不規則用言)
➡

⒀ 모르다(知らない) (★르不規則用言)
→ _____

⒁ 싸다(安い)
→ _____

⒂ 공부하다(勉強する)
→ _____

2. 보기(例)를 参考にして完成させなさい。

> 보기(例)   오다(来る)
> → 와 주세요.(来てください)

⑴ 찾다(探す)
→ _____

⑵ 기다리다(待つ)
→ _____

⑶ 준비하다(準備する)
→ _____

⑷ 알리다(知らせる)
→ _____

2. 보기(例)를 参考にして完成しなさい。

> 보기(例)   사다(買う)
> → 살게요.(買います)

⑴ 넣다(入れる)
→ _____

⑵ 닫다(閉める)
→ _____

⑶ 만들다(作る) (★ㄹ語幹用言)
→ _____

⑷ 도와주다(手伝う)
→ _____

食べ物(음식)の単語を覚えましょう。

①
밥
ご飯

②
육개장
ユッケジャン

③
돌솥비빔밥
石焼きビビンバ

④
불고기
プルゴギ

⑤
냉면
冷麺

⑥
삼계탕
サムゲタン

⑦
떡국
餅スープ

⑧
떡볶이
トッポギ

⑨
김밥
海苔巻

⑩
김치찌개
キムチチゲ

⑪
두부찌개
豆腐チゲ

⑫
부대찌개
プデチゲ

(食べ物の単語) 주세요.
ください

第14課 한국어는 어렵지만 재미있어요.
韓国語は難しいけれども面白いです。

❶ ～くて・～して・～ので(～아서/어서/해서)
❷ ～が、～けれども(～지만)
❸ ～で(～(으)로)

장 지은 : 한국어는 어렵지 않아요?

가와무라 아야노 : 조금 어렵**지만** 재미있어요.

　　　　　　　　공부**해서** 유학가려고 해요.

장 지은 : 학교까지 어떻게 가요?

가와무라 아야노 : 자전거**로** 가요.

 チャン ジウン　韓国語は難しくありませんか。

 河村　彩乃　　少し難しいけれども面白いです。

　　　　　　　　勉強して留学に行こうと思います。

 チャン ジウン　学校までどのように行きますか。

 河村　彩乃　　自転車で行きます。

한국어는 어렵지 않아요?

조금 어렵지만 재미있어요.

한국어	韓国語
어렵지 않아요?	難しくありませんか　難しいの否定文 　　基本形：어렵다(難しい)
어렵지만	難しいけれども
재미있어요	面白いです　基本形：재미있다(面白い)
공부해서	勉強して　基本形：공부하다(勉強する)
유학	留学
가려고 해요	行こうと思います 　　基本形：가다＋생각하다(行く＋思う)
어떻게	どのように
가요?	行きますか　行くの疑問形 　　基本形：가다(行く)
로	～で

連語を覚えましょう

お金を (돈을)	使う(쓰다)	돈을 쓰다
	おろす(찾다)	돈을 찾다
	貯める(모으다)	돈을 모으다
	出す(내다)	돈을 내다
	借りる(빌리다)	돈을 빌리다
	返す(갚다)	돈을 갚다

～くて・～して・～ので   ～아서/어서/해서

「～아서/어서/해서」は用言の語幹について、行動の前後関係や原因・理由・根拠を表す表現です。

用言の最終語幹「ㅏ, ㅗ」の場合「陽母音＋아서」、用言の最終語幹「ㅏ, ㅗ以外」の場合「陰母音＋어서」、「하다(する)」で終わる用言は「하」＋여서(하여서 ➡ 해서)になります。

陽母音	語幹(어간)	ㅏ,ㅗの語幹＋아서	
만나다 (会う)	만나	아서	만나서 会って
앉다 (座る)	앉		앉아서 座って
달다 (甘い)	달		달아서 甘くて

陰母音	語幹(어간)	ㅏ,ㅗ以外の語幹＋어서	
배우다 (学ぶ)	배우	어서	배워서(배우＋ㅓ➡배워서) 学んで
마시다 (飲む)	마시		마셔서(마시＋ㅓ➡마셔서) 飲んで
넓다 (広い)	넓		넓어서 広くて

해요	語幹(어간)	하＋「ㅕ」=해서	
일하다 (働く)	일하	하＋ㅕ ↓ 해서	일해서 働いて
피곤하다 (疲れる)	피곤하		피곤해서 疲れて
준비하다 (準備する)	준비하		준비해서 準備して

☆ 原因・理由・根拠を表す接続詞の「～だから」は、パッチムがある名詞の場合は(体言)「＋～이라서」、パッチムがない名詞の場合(体言)「＋～라서」を用います。

   例 에레베이터라서 편리해요.(エレベーターだから便利です)
   　국제공항이라서 넓어요.(国際空港だから広いです)

※ 人数を表す単位の場合には、次の「서」ようになります。

   1人で 혼자서, 2人で 둘이서, 3人で 셋이서, 数人で 여럿이서

第14課 한국어는 어렵지만 재미있어요

~が、~けれども　　~지만

「~지만」は日本語の「~が、~けれども」に当たり、動詞、形容詞の語幹について逆接の意味を表します。用言の動詞・形容詞のパッチムと関係なく、語幹にそのまま接続します。指定詞「이다」は「語幹이+지만＝이지만」になります。

また、パッチムがある名詞の場合は(~이지만)、パッチムがない名詞の場合は(~지만)となります。

動詞・形容詞の語幹+지만		
어렵다 (難しい)	지만 が、けれども	어렵지만 재미있어요. 難しいけれども面白いです
여동생이 있다 (妹がいる)		여동생은 있지만 남동생은 없어요. 妹はいるけれども弟はいません
겨울이다 (冬だ)		겨울이지만 별로 안 추워요. 冬だけれどもあまり寒くないです
약을 먹었다 (薬を飲んだ)		약을 먹었지만 안 나아요. 薬を飲んだけれども治らないです

✎「ㅅ」不規則用言 (「ㅅ」불규칙용언)

語幹が「ㅅ」パッチムで終わる用言の語幹に母音で始める語尾が続くと、「ㅅ」が脱落します。これを「ㅅ」不規則用言あるいは、「ㅅ」変則用言といいます。最後の母音がㅏ, ㅗの陽母音の場合「＋~아요」、ㅏ, ㅗ以外の陰母音の場合「＋~어요」をつけます。

基本形	~아 / 어요.		습니다.
낫다(治る)	낫 ➜ 나+아요	나아요.	낫습니다.
잇다(結ぶ、繋ぐ、続ける)	잇 ➜ 이+어요	이어요.	잇습니다.
짓다(作る、建てる、ご飯を炊く)	짓 ➜ 지+어요	지어요.	짓습니다.
긋다(線を引く)	긋 ➜ 그+어요	그어요.	긋습니다.
붓다(注ぐ、はれる)	붓 ➜ 부+어요	부어요.	붓습니다.
※右の例のように語幹末が「ㅅ」であっても、規則的に活用をするものもあります。	빼앗다(奪う)	빼앗아요.	빼앗습니다.
	씻다(洗う)	씻어요.	씻습니다.
	웃다(笑う)	웃어요.	웃습니다.
	벗다(脱ぐ)	벗어요.	벗습니다.

～で ～(으)로

「～(으)로」は日本語の「で」に当たり、時間、手段、道具、方法、材料・原料、原因・理由、などを表す助詞です。また、方向を示す「서울로 갑니다」のように「～へ、～に」を意味する助詞です。

前につく名詞によって、パッチムがない名詞(母音で終わる)とㄹ子音で終わる名詞の場合は「＋～로」、パッチムがある名詞の場合は(子音で終わる)「＋～으로」を用います。

パッチムない名詞とㄹ子音で終わる名詞「＋～로」／パッチムある名詞「＋～으로」			
지하철(地下鉄)	로 ～で	지하철로	手段
카메라(カメラ)		카메라로	手段
시속100킬로(時速100キロ)		시속100킬로로	単位
배추(白菜)		배추로	材料・原料
종이(紙)		종이로	材料・原料
인터넷(インターネット)	으로 ～で	인터넷으로	手段
볼펜(ボールペン)		볼펜으로	道具
독감(インフルエンザ)		독감으로	原因・理由
오전 중(午前中)		오전 중으로	時間

생일 축하 노래(ハッピーバースデートゥーユー)

♬생일 축하합니다.　♬생일 축하합니다.

♡사랑하는 ○○○.　♬생일 축하합니다.

생일(誕生日)

사랑하다(愛する)

축하합니다(おめでとう)

第14課 한국어는 어렵지만 재미있어요

練習問題

1. 보기例を参考にして完成させなさい。

보기例	가다(行く)	만들다(作る)
	➜ 가서(行って)	➜ 만들어서(作って)

⑴ 배우다(学ぶ)
   ➜ _____

⑵ 피곤하다(疲れる)
   ➜ _____

⑶ 빌리다(借りる)
   ➜ _____

⑷ 자다(寝る)
   ➜ _____

2. 보기例を参考にして完成させなさい。

보기例	문법은 어렵다(文法は難しい)
	회화는 재미있다(会話は面白い)
	➜ 문법은 어렵**지만** 회화는 재미있**어요**.
	（文法は難しいけれども、会話は面白いです）

⑴ 휴일이다(休日だ) 학교에 가다(学校に行く)
   ➜ _____

⑵ 메일을 하다(メールをする)
   편지는 안 쓰다(手紙は書かない) （★으不規則用言）
   ➜ _____

⑶ 아침밥은 안 먹다(朝ご飯は食べない)
   저녁밥은 꼭 먹다(夕ご飯は必ず食べる)
   ➜ _____

⑷ 일본 사람이다(日本人だ)
   한국말을 잘하다(韓国語が上手だ)
   ➜ _____

3. 보기例を参考にして完成させなさい。

보기例	젓가락(箸)	배추(白菜)
	→ 젓가락으로(箸で)	→ 배추로(白菜で)

(1) 신칸센(新幹線)
   → _____ 가요.

(2) 연필(鉛筆)
   → _____ 써요.

(3) 눈(雪)
   → 눈사람은(雪だるまは) _____ 만들어요.

(4) 쌀(米)
   → 막걸리는(マッコリは) _____ 만들어요.

💡 星座(별자리)の単語を覚えましょう。

第14課 한국어는 어렵지만 재미있어요

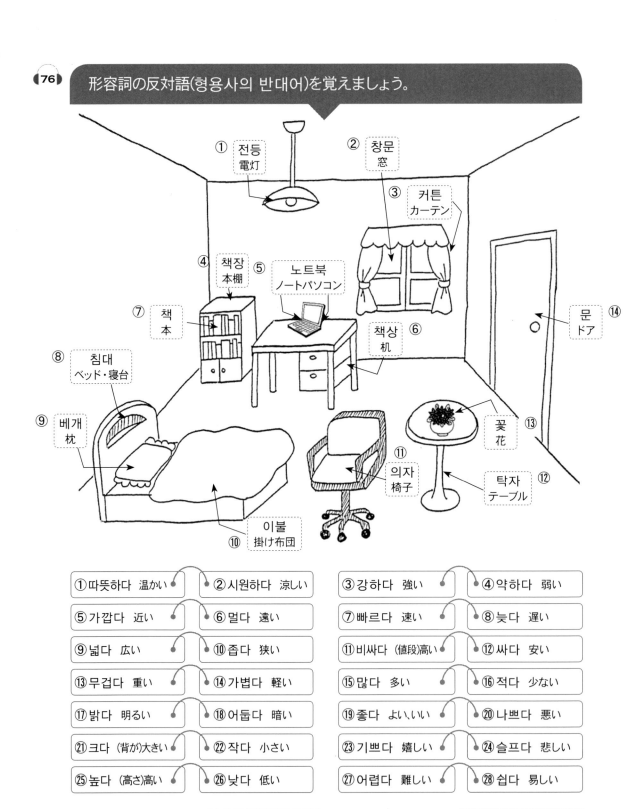

キーポイント　　　　　　　　　13課〜14課　　

13課
家で一緒に食事しましょう。
美味しい料理を準備します。
ぜひ、来てください。

　우리 집에서 같이 식사**해요**.
　맛있는 요리를 준비**할게요**.
　꼭 **와 주세요**.

14課
家から学校まで遠い**けれども**、
歩い**て**行きます。
たまにはバス**で**行きます。

　집에서 학교까지 멀**지만**
　걸**어서** 갑니다.
　가끔은 버스**로** 갑니다.

第15課 한국 노래를 부를 수 있어요?
韓国の歌を歌えますか。

❶ ～することができる(～(으)ㄹ 수 있다)
　～することができない(～(으)ㄹ 수 없다)
❷ ～できない(못/～지 못하다)
❸ ～しに(～(으)러)

장 지선 : 한국 노래를 부를 수 있어요?

미야케 하루 : 잘 못하지만 조금 부를 수 있어요.

장 지선 : 노래를 부르러 노래방에 같이 가요.

미야케 하루 : 지금요?

　　　　　네, 좋아요.

 チャン ジソン　韓国の歌を歌えますか。
 三宅　春　　　上手ではありませんが、歌えます。
 チャン ジソン　歌を歌いにカラオケに一緒に行きましょう。
 三宅　春　　　今ですか。
　　　　　　　　　はい、良いですよ。

한국 노래를 부를 수 있어요?

잘 못하지만 조금 부를 수 있어요.

単語

한국 노래	韓国の歌
부를 수 있어요?	(歌を)歌えますか 基本形：노래를 부르다(歌を歌う)
잘 못하지만	良くできないけれども 基本形：잘 못하다(よくできない)
부르러	(歌を)歌いに
노래방	カラオケ　노래＋방(歌＋部屋)
에	～に
같이	一緒に
지금요?	今ですか
좋아요	良いですよ

反対語(반대어)

안경을 쓰다	メガネをかける	メガネをはずす	안경을	
장갑을 끼다	手袋をはめる	手袋をとる	장갑을	
모자를 쓰다	帽子をかぶる	帽子を脱ぐ	모자를	(脱ぐ)벗다
옷을 입다	服を着る	服を脱ぐ	옷을	
구두를 신다	靴を履く	靴を脱ぐ	구두를	

第15課　한국 노래를 부를 수 있어요?

～することができる　　～(으)ㄹ 수 있다
～することができない　　～(으)ㄹ 수 없다

「～(으)ㄹ 수 있다」「～(으)ㄹ 수 없다」は動詞の語幹について、能力の有無を表す意味です。日本語の場合は「～することができる/～することができない」です。韓国語の場合はパッチムがない場合とㄹ語幹用言の場合は＋「～ㄹ 수 있다(～することができる)」、「～ㄹ 수 없다(～することができない)」。また、パッチムがある場合は、動詞語幹＋「～을 수 있다(～することができる)」、動詞語幹＋「～을 수 없다(～することができない)」になります。

基本形	語幹(어간)+ ～(으)ㄹ 수 있어요.		～(으)ㄹ 수 있어요. できます
말하다 (話す)	말하	ㄹ 수 있어요.	말할 수 있어요.
			話せます
만들다 (作る)	만들 ➡ 만드 (★ㄹ語幹用言)	ㄹ 수 있어요.	만들 수 있어요.
			作れます
입다 (着る)	입	을 수 있어요.	입을 수 있어요.
			着られます
걷다 (歩く)	걷 ➡ 걸 (★ㄷ不規則用言)	을 수 있어요.	걸을 수 있어요.
			歩けます

基本形	語幹(어간)+ ～(으)ㄹ 수 없어요.		～(으)ㄹ 수 없어요. できません
말하다 (話す)	말하	ㄹ 수 없어요.	말할 수 없어요.
			話せません
만들다 (作る)	만들 ➡ 만드 (★ㄹ語幹用言)	ㄹ 수 없어요.	만들 수 없어요.
			作れません
입다 (着る)	입	을 수 없어요.	입을 수 없어요.
			着られません
걷다 (歩く)	걷 ➡ 걸 (★ㄷ不規則用言)	을 수 없어요.	걸을 수 없어요.
			歩けません

☆ 可能・不可能表現には「알다, 모르다」を使うもう1つの方法があります。動詞の語幹について、「～ができる・知っている：～(으)ㄹ 줄 알다」と「～ができない・知らない/わからない：～(으)ㄹ 줄 모르다」の表現です。

基本形	語幹(어간)+～(으)ㄹ 줄 알아요.		～(으)ㄹ 줄 알아요. できます・知っています
말하다 (話す)	말하	ㄹ 줄 알아요.	말할 줄 알아요.
			話せます
만들다 (作る)	만들 ➡ 만드 (★ㄹ語幹用言)	ㄹ 줄 알아요.	만들 줄 알아요.
			作れます

입다 (着る)	입	을 줄 알아요.	입을 줄 알아요.
			着られます
걷다 (歩く)	걷 ➡ 걸 (★ㄷ不規則用言)	을 줄 알아요.	걸을 줄 알아요.
			歩けます

基本形	語幹(어간)+~(으)ㄹ 줄 몰라요.		~(으)ㄹ 줄 몰라요. できません・知らないです/ わかりません
말하다 (話す)	말하	ㄹ 줄 몰라요.	말할 줄 몰라요.
			話せません
만들다 (作る)	만들 ➡ 만드 (★ㄹ語幹用言)	ㄹ 줄 몰라요.	만들 줄 몰라요.
			作れません
입다 (着る)	입	을 줄 몰라요.	입을 줄 몰라요.
			着られません
걷다 (歩く)	걷 ➡ 걸 (★ㄷ不規則用言)	을 줄 몰라요.	걸을 줄 몰라요.
			歩けません

✎「ㄷ」不規則用言(「ㄷ」불규칙용언)

「ㄷ」不規則用言」は語幹の「ㄷ」が「ㄹ」に変わります。すなわち、語幹の最終音節がパッチム「ㄷ」で終わる動詞の一部は、「아/어」で始まる語尾の前で子音「ㄷ」が子音「ㄹ」に変わります。これを「ㄷ」不規則用言、あるいは「ㄷ」変則といいます。

基本形	~아 / 어요.		습니다.
깨닫다(気づく)	깨닫 ➡ 깨다+ㄹ+아요	깨달아요.	깨닫습니다.
걷다(歩く)	걷 ➡ 거+ㄹ+어요	걸어요.	걷습니다.
듣다(聞く)	듣 ➡ 드+ㄹ+어요	들어요.	듣습니다.
묻다(尋ねる)	묻 ➡ 무+ㄹ+어요	물어요.	묻습니다.
싣다(載せる)	싣 ➡ 시+ㄹ+어요	실어요.	싣습니다.
※語幹の最終音節が「ㄷ」で終わっても、規則的に活用をするものもあります。	받다(受け取る)	받아요.	받습니다.
	닫다(閉める)	닫아요.	닫습니다.
	믿다(信じる)	믿어요.	믿습니다.

~できない ▶ 못 / ~지 못하다

「못/~지 못하다」は動作の不可能や能力不足の意味を表すもので、「~(으)ㄹ 수 없다」と置き換えることが可能です。否定しようとする動詞の前に「못」をつけること(못+動詞)と、語幹の後に(動詞の語幹+~지 못하다)をつけることです。

動詞の「못하다」は1つの単語であり、くっつけて書きます。

基本形	語幹	できません	
		못	
마시다(飲む)	마시	못 마셔요.	飲むことができません
쉬다(休む)	쉬	못 쉬어요.	休むことができません
만들다(作る)	만들	못 만들어요.	作ることができません
읽다(読む)	읽	못 읽어요.	読むことができません

基本形	語幹	できません	
		〜지 못해요.(〜지 못하다)	
마시다(飲む)	마시	마시지 못해요.	飲むことができません
쉬다(休む)	쉬	쉬지 못해요.	休むことができません
만들다(作る)	만들	만들지 못해요.	作ることができません
읽다(読む)	읽	읽지 못해요.	読むことができません

☆ 잘하다は잘(よく、うまく)と하다(する)の結合であり、잘 못하다は、うまくできない、下手だの意味を表します。「잘 못하다」の잘と못の間に分かち書きをします。

☆ 못 친절하다(親切だ)のように「못」＋形容詞の置き換えはできません。

〜しに 〜(으)러

「〜(으)러」は動詞の語幹について動作の目的を表すもので、日本語の「〜しに」に当たります。パッチムがない動詞の語幹とㄹ語幹の動詞の場合は「＋〜러」、パッチムがある動詞の語幹の場合は「＋〜으러」になります。〜(으)러の後には가다(行く)、오다(来る)、다니다(通う)などの移動の動詞をつけます。

基本形	語幹(어간)	〜しに	
빌리다(借りる)	빌리	러	빌리러(借りに)
살다(住む)	살		살러(住みに)
돈을 찾다 (お金をおろす)	돈을 찾	으러	돈을 찾으러 (お金をおろしに)

練習問題

1. 보기例를 参考にして完成させなさい。

> 보기例
>
> 일본어를 말하다(日本語で話す)
> → 일본어를 말할 **수 있어요**.(日本語で話せます)
> → 일본어를 말할 **수 없어요**.(日本語で話せません)

> 한복을 혼자서 입다(韓服を一人で着る)
> → 한복을 혼자서 입을 **수 있어요**.(韓服を一人で着ることができます)
> → 한복을 혼자서 입을 **수 없어요**.(韓服を一人で着ることができません)

(1) 막걸리를 마시다(マッコリを飲む)

→ _____

→ _____

(2) 김치를 만들다(キムチを作る) (★ㄹ語幹用言)

→ _____

→ _____

(3) 한약을 먹다(漢方薬を飲む)

→ _____

→ _____

(4) 한국어 문장을 외우다(韓国語の文章を覚える)

→ _____

→ _____

2. 보기例를 参考にして完成させなさい。

> 보기例
>
> 담배를 피우다(タバコを吸う)
> → 담배를 **못** 피워요.
> → 담배를 피우**지 못해요**.(タバコを吸うことができません)

第15課 한국 노래를 부를 수 있어요?　105

(1) 그림을 그리다(絵を描く)
   → _____
   → _____

(2) 비행기를 타다(飛行機に乗る)
   → _____
   → _____

(3) 회를 먹다(刺身を食べる)
   → _____
   → _____

(4) 길을 찾다(道を探す)
   → _____
   → _____

3. 보기例를 参考にして完成しなさい。

> 보기例
>
> 영화를 보다(映画を見る)
> → 영화를 보러(映画を見に) 영화관에 가요.(映画館に行きます)

(1) 한국어를 배우다(韓国語を学ぶ) 유학가요.(留学に行きます)
   → _____ 유학가요.

(2) 손을 씻다(手を洗う) 화장실에 가요.(トイレに行きます)
   → _____ 가요.

(3) 이사를 도와주다(引っ越しを手伝う) 나가요.(出かけます)
   → _____ 나가요.

(4) 한국에서 놀다(韓国で遊ぶ) 갈 곳을 찾고 있어요.(行くところを探しています)
   → _____ 갈 곳을 찾고 있어요.

家事と生活(집안 일과 생활)의 단어를 외웁시다.

한국어		日本語
① 요리하다		⓴ 夢を見る
② 설거지를 하다		❶ 料理する
③ 청소하다		❷ 皿洗いする
④ 세탁기를 돌리다		❸ 掃除する
⑤ 바느질을 하다		❹ 洗濯機をまわす
⑥ 빨래하다		❺ 針仕事をする
⑦ 빨래를 널다		❻ 洗濯する
⑧ 빨래를 개다		❼ 洗濯物を干す
⑨ 늦잠을 자다		❽ 洗濯物をたたむ
⑩ 세수하다		❾ 朝寝坊する
⑪ 머리를 감다		❿ 顔を洗う
⑫ 이를 닦다		⓫ 髪を洗う
⑬ 옷을 갈아입다		⓬ 歯を磨く
⑭ 텔레비전을 켜다		⓭ 服を着替える
⑮ 아르바이트(알바)를 하다		⓮ テレビをつける
⑯ 화장하다		⓯ アルバイト(バイト)をする
⑰ 면도하다		⓰ 化粧する
⑱ 샤워를 하다		⓱ ひげをそる
⑲ 잠들다		⓲ シャワーを浴びる
⑳ 꿈을 꾸다		⓳ 眠る

家事と生活の単語	(으)ㄹ 수 있다. · 없다. することができる · することができない

第15課 한국 노래를 부를 수 있어요?

第16課 한국 요리를 좋아해요?
韓国の料理が好きですか。

- ❶ ～が好きだ(～를/을 좋아하다)　～が嫌いだ(～를/을 싫어하다)
- ❷ ～する時(～(으)ㄹ 때)
- ❸ ～したい(～고 싶다)

장 지은 : 한국 요리를 좋아해요?

가와무라 아야노 : 네, 너무 좋아해요.

장 지은 : 한국 음식 중에 뭘 먹고 **싶어요**?

가와무라 아야노 : 삼겹살과 냉면을 먹고 **싶어요**.

그런데 한국은 식사를 할 **때**

숟가락과 젓가락을 사용해요?

장 지은 : 네, 숟가락과 젓가락을 사용해요.

 チャン ジウン　　韓国の料理が好きですか。

 河村　彩乃　　はい、大好きです。

 チャン ジウン　　韓国の食べ物の中で何が食べたいですか。

 河村　彩乃　　サムギョプサルと冷麺を食べたいです。
　　　　　　　　ところで、韓国は食事する時、スプーンと箸を使いますか。

 チャン ジウン　　はい、スプーンと箸を使います。

한국 요리를 좋아해요?

네, 너무 좋아해요.

単語	
한국 요리	韓国の料理
좋아해요?	好きですか　基本形：좋아하다(好きだ)
너무	とても
중에	～中で
뭘	何を　(무엇을の縮約形)
먹고 싶어요?	食べたいですか 　　基本形：먹다+고 싶다(食べる+～たい)
삼겹살	サムギョプサル　(豚肉の三枚肉)
냉면	冷麺
그런데	ところで
식사	食事
할 때	する時　하다+때(する+とき)
숟가락	スプーン
젓가락	箸
사용해요?	使いますか　基本形：사용하다(使う)

第16課　한국 요리를 좋아해요?

| ～が好きだ | ～를/을 좋아하다 |
| ～が嫌いだ | ～를/을 싫어하다 |

日本語の「～が好きだ・好む」は、韓国語では「～를/을 좋아하다」「～が嫌う・嫌いだ」を「～를/을 싫어하다」を使います。また、同じ表現に「～がいやだ・嫌いだ」の表現は「～를/을 싫어하다」となります。日本語の助詞「～が」は韓国語では助詞「～を（～를/을）」を使います。

	를/을 좋아해요. が好きです	를/을 좋아해요? が好きですか
공부를 좋아하다 勉強が好きだ	공부를 좋아해요.	공부를 좋아해요?
유원지를 좋아하다 遊園地が好きだ	유원지를 좋아해요.	유원지를 좋아해요?
운동을 좋아하다 運動が好きだ	운동을 좋아해요.	운동을 좋아해요?
여행을 좋아하다 旅行が好きだ	여행을 좋아해요.	여행을 좋아해요?

	를/을 싫어해요. が嫌いです	를/을 싫어해요? が嫌いですか
공부를 싫어하다 勉強が嫌いだ	공부를 싫어해요.	공부를 싫어해요?
유원지를 싫어하다 遊園地が嫌いだ	유원지를 싫어해요.	유원지를 싫어해요?
운동을 싫어하다 運動が嫌いだ	운동을 싫어해요.	운동을 싫어해요?
여행을 싫어하다 旅行が嫌いだ	여행을 싫어해요.	여행을 싫어해요?

☆ 一方、「好き」という感情を表す場合やある範囲から選ぶ場合には「～가/이 좋다」「～がいい、～が好きだ」と表現します。

例 김치가 좋아요.(キムチがいいです)　냉면이 좋아요.(冷麺がいいです)

✎ 어떤 음식을 좋아해요?(どんな食べ物が好きですか)
국수(そば)를 좋아해요.(～が好きです)
냉면(冷麺)을 좋아해요.(～が好きです)

✎ 뭐가 좋아요?(何が好きですか)
불고기(プルゴギ)가 좋아요.(～が好きです)
삼계탕(サムゲタン)이 좋아요.(～が好きです)

| ～する時 | ～(으)ㄹ 때 |

「～(으)ㄹ 때」は日本語の「～するとき」に当たります。動詞や形容詞のパッチムがない語幹とㄹ語幹の場合は「＋～ㄹ 때」で、パッチムがある語幹の場合は「＋～을 때」をつけます。

	語幹(어간)	～する時	
학교를 다니다 (学校に通う)	학교를 다니	ㄹ 때	학교를 다닐 때
춥다 (寒い)	추 (★ㅂ不規則用言)		추울 때
문을 열다 (ドアを開ける)	문을 열 (★ㄹ語幹用言)		문을 열 때
신문을 읽다 (新聞を読む)	신문을 읽	을 때	신문을 읽을 때
시험이 있다 (試験がある)	시험이 있		시험이 있을 때

✎「ㅂ」不規則用言(「ㅂ」불규칙용언)

　「ㅂ」不規則用言は動詞・形容詞の語幹がパッチム「ㅂ」の場合に「ㅂ」が脱落することをいいます。すなわち、「아/어」で始まる語尾の前で語幹のパッチム「ㅂ」が「우」に変わります。これを「ㅂ」不規則用言あるいは「ㅂ」変則といいます。

基本形	～아/어요.		습니다.
고맙다(有り難い)	고맙 ➡ 고마+우+ㅓ요	고마워요.	고맙습니다.
덥다(暑い)	덥 ➡ 더+우+ㅓ요	더워요.	덥습니다.
어렵다(難しい)	어렵 ➡ 어려+우+ㅓ요	어려워요.	어렵습니다.
맵다(辛い)	맵 ➡ 매+우+ㅓ요	매워요.	맵습니다.
춥다(寒い)	춥 ➡ 추+우+ㅓ요	추워요.	춥습니다.
例外 ※語幹末が「ㅂ」で終わっても、規則的に活用をするものもあります。	곱다(美しい)	고와요.	곱습니다.
	좁다(狭い)	좁아요.	좁습니다.
	접다(折る)	접어요.	접습니다.
	입다(着る)	입어요.	입습니다.

～したい　～고 싶다

　動詞の語幹につけて話し手の希望・願望を表す「～고 싶다」は日本語の「～したい」に当たります。動詞のパッチムの有無に関係なく、「語幹＋고 싶다」となります。また、「動詞語幹＋고 싶어하다(動詞＋したがる)」は第三者の希望と願望を表します。肯定文は主語が1人称で、疑問文の場合は2人称を表します。

	語幹(어간)		
찜질방에 가다 (チムジルバンに行く)	찜질방에 가	고 싶다 ～したい	찜질방에 가고 싶어요.
음악을 듣다 (音楽を聞く)	음악을 듣		음악을 듣고 싶어요.
김치를 만들다 (キムチを作る)	김치를 만들		김치를 만들고 싶어요.

練習問題

1. 보기例を参考にして完成させなさい。

> 보기例
>
> 청소(掃除)
>
> → 청소를 좋아해요.(掃除が好きです)
> → 청소를 싫어해요.(掃除が嫌いです)

> 삼계탕(サムゲタン)
>
> → 삼계탕을 좋아해요.(サムゲタンが好きです)
> → 삼계탕을 싫어해요.(サムゲタンが嫌いです)

(1) 불고기(プルゴギ)

→

→

(2) 벌레(虫)

→

→

(3) 여행(旅行)

→

→

(4) 당근(ニンジン)

→

→

2. 보기例を参考にして完成させなさい。

> 보기例
>
> 약속하다(約束する)
>
> → 약속할 때(約束する時)

> 양이 많다(量が多い)
> → 양이 **많을 때**(量が多い時)

(1) 힘들다(大変だ) (★ㄹ語幹用言)

　→ _____ 이야기하세요.(話して下さい)

(2) 모르다(知らない、分からない)

　→ _____ 물어 보세요.(聞いてください)

(3) 무겁다(重い) (★ㅂ不規則用言)

　→ _____ 도와줄게요.(お手伝いします)

(4) 배가 고프다(お腹が空く)

　→ _____ 드세요.(召し上がってください)

3. 보기例を参考にして完成させなさい。

> 보기例　앉다(座る)
> → **앉고 싶어요.**(座りたいです)

(1) 믿다(信じる)

　→ _____

(2) 충고를 하다(忠告をする)

　→ _____

(3) 달리다(走る)

　→ _____

(4) 선물을 받다(プレゼントを受け取る)

　→ _____

職業(직업)の単語を覚えましょう。

キーポイント　　　　　　　　15課〜16課

15課

今、韓国語の本を買いに書店に行きます。
近藤　研一さん、韓国語の本を**読めますか**。
いいえ、まだ**読めません**。

지금 한국어 책을 사**러** 서점에 갑니다.
곤도 켄이치 씨
한국어 책을 읽을 **수 있어요**?
아뇨, 아직 **못** 읽어요.

16課

韓国の料理**が**好きですか。
食べ**たい時**は連絡してください。

한국 음식을 좋아해요?
먹고 **싶을 때**(는) 연락해 주세요.

第17課 어제 뭐 했어요?
昨日何をしましたか。

❶ ～しました・～かったです(～았어요.(?)/었어요.(?)/했어요.(?))
❷ ～から、～ので(～(으)니까)
❸ ～しましょう(～(으)ㅂ시다.)

미야케 하루: 어제 뭐 **했어요**?

장 지선: 늦게까지 시험 공부를 **했어요**.

그래서 오늘 아침 늦잠을 자서

지각**했어요**.

미야케 하루: 시험도 끝났**으니까** 같이

밥 먹으러 갑시다.

장 지선: 네, 그렇게 **합시다**.

 三宅 春　　昨日何をしましたか。
 チャン ジソン　遅くまで試験の勉強をしました。
　　　　　　そして、今朝朝寝坊して
　　　　　　遅刻しました。
 三宅 春　　試験も終わったので一緒に
　　　　　　ご飯を食べに行きましょう。
 チャン ジソン　はい、そうしましょう。

単語		
어제	昨日	➡ 오늘(今日)➡ 내일(明日)
뭐	何	「무엇」の縮約形
했어요?	しましたか	するの過去形 基本形：하다(する)
늦게까지	遅くまで	늦다+까지(遅い+まで)
시험 공부	試験の勉強	
그래서	そして	
오늘	今日	
아침	朝	점심(昼)、저녁(夕方)
늦잠을 자다	朝寝坊する	
지각했어요	遅刻しました	遅刻するの過去形 基本形：지각하다(遅刻する)
끝났으니까	終わったので	끝나다+으니까(終わる+ので)
밥	ご飯	
갑시다	行きましょう	가다 +ㅂ시다(勧誘形) (行く+しましょう)
그렇게 합시다	そうしましょう	

第17課 어제 뭐 했어요?

～しました・～かったです　　～았어요./었어요./했어요.
～しましたか・～かったですか　　～았어요?/었어요?/했어요?

「～았/었/했」は用言の過去を表す補助用言です。動詞・形容詞の過去形は語幹がㅏ, ㅗで終わる場合「陽母音＋았어요.」、ㅏ, ㅗ以外で終わる「陰母音＋었어요.」、「하다(する)」で終わる用言の場合「하」＋였어요 ➡ (하였어요 ➡ 했어요.)になります。形容詞の過去形は過去の状態・様子を表します。

陽母音		「ㅏ, ㅗ」の語幹＋았어요.(?)		
일어나다 (起きる)	일어나 (縮約形)	았어요.(?)	일어났습니다./일어났어요. 起きました	일어났습니까?/일어났어요? 起きましたか
알다 (知る、わかる)	알		알았습니다./알았어요. わかりました	알았습니까?/알았어요? わかりましたか
짧다 (短い)	짧		짧았습니다./짧았어요. 短かったです	짧았습니까?/짧았어요? 短かったですか

陰母音		「ㅏ, ㅗ以外」の語幹＋었어요.(?)		
멀다 (遠い)	멀	었어요.(?)	멀었습니다./멀었어요. 遠かったです	멀었습니까?/멀었어요? 遠かったですか
재미있다 (面白い)	재미있		재미있었습니다./재미있었어요. 面白かったです	재미있었습니까?/재미있었어요? 面白かったですか
넓다 (広い)	넓		넓었습니다./넓었어요. 広かったです	넓었습니까?/넓었어요? 広かったですか

해요		하語幹＋「ㅕ」＝했어요.(?)		
일하다 (働く)	일하	하＋여 ↓ 했어요.(?)	일했습니다./일했어요. 働きました	일했습니까?/일했어요? 働きましたか
공부하다 (勉強する)	공부하		공부했습니다./공부했어요. 勉強しました	공부했습니까?/공부했어요? 勉強しましたか
식사하다 (食事する)	식사하		식사했습니다./식사했어요. 食事しました	식사했습니까?/식사했어요? 食事しましたか

☆ 指定詞「이다」の過去形は、子音で終わる名詞＋「이었습니다./이었어요.」と母音で終わる名詞＋「였습니다./였어요.」になります。ただし、「아니다」は「아니었습니다./아니었어요.」となります。

指定詞		パッチムない
이다 だ・である		친구이다(友達である)
	過去形	친구였습니다. / 친구였어요.
아니다 ではない		친구가 아니다(友達ではない)
	過去形	친구가 아니었습니다. / 친구가 아니었어요.

指定詞		パッチムある
이다 だ・である		대학생이다(大学生である)
	過去形	대학생이었습니다. 대학생이었어요.
아니다 ではない		대학생이 아니다(大学生ではない)
	過去形	대학생이 아니었습니다. 대학생이 아니었어요.

コンピュータの関連単語(컴퓨터 관련 단어)を覚えましょう。

폴더	フォルダー	파일	ファイル
첨부파일	添付ファイル	열기	開く
보존	保存	잘라내기	切り取り
복사	コピー	지우기	削除
붙여넣기	貼り付け	취소	取り消し
글꼴	フォント	삽입	挿入
글자깨짐	文字化け	다른 이름으로 저장	名前を付けて保存
인쇄	印刷	닫기	閉じる

축약형의 경우(縮約形の場合)

①	가다(行く) ㅏ+아 ➔ ㅏ	가+ㅏ+ㅆ어요. 가+ㅏ+ㅆ어요?	갔어요.(行きました) 갔어요?(行きましたか)	갔습니다. 갔습니까?
	서다(立つ) ㅓ+어 ➔ ㅓ	서+ㅓ+ㅆ어요. 서+ㅓ+ㅆ어요?	섰어요.(立ちました) 섰어요?(立ちましたか)	섰습니다. 섰습니까?
	지내다(過ごす) ㅐ+어 ➔ ㅐ	지내+ㅓ+ㅆ어요. 지내+ㅓ+ㅆ어요?	지냈어요.(過ごしました) 지냈어요?(過ごしましたか)	지냈습니다. 지냈습니까?

第17課 어제 뭐 했어요?

	基本形			
②	보다(見る) ㅗ+아 ➡ ㅘ	보+ㅏ+ㅆ어요. 보+ㅏ+ㅆ어요?	봤어요.(見ました) 봤어요?(見ましたか)	봤습니다. 봤습니까?
	배우다(学ぶ,習う) ㅜ+어 ➡ ㅝ	배우+ㅓ+ㅆ어요. 배우+ㅓ+ㅆ어요?	배웠어요.(学びました) 배웠어요?(学びましたか)	배웠습니다. 배웠습니까?
	마시다(飲む) ㅣ+어 ➡ ㅕ	마시+ㅓ+ㅆ어요. 마시+ㅓ+ㅆ어요?	마셨어요.(飲みました) 마셨어요?(飲みましたか)	마셨습니다. 마셨습니까?
	되다(なる) ㅚ+어 ➡ ㅙ	되+ㅓ+ㅆ어요. 되+ㅓ+ㅆ어요?	됐어요.(なりました) 됐어요?(なりましたか)	됐습니다. 됐습니까?
※	뛰다(走る) ㅟ+어 ➡ ㅟ어	뛰+어+ㅆ어요. 뛰+어+ㅆ어요?	뛰었어요.(走りました) 뛰었어요?(走りましたか)	뛰었습니다. 뛰었습니까?
※	띄다((目に)つく) ㅢ+어 ➡ ㅢ어	띄+어+ㅆ어요. 띄+어+ㅆ어요?	띄었어요.(つきました) 띄었어요?(つきましたか)	띄었습니다. 띄었습니까?

✎「ㅎ」不規則用言(「ㅎ」불규칙용언)

「아/어」で始まる語尾がくる場合は、語幹の最後のパッチム「ㅎ」が脱落し、母音語尾の「아/어」が「ㅐ」になります。また、「여/야」の母音で終わる場合は「ㅒ」に変わります。「ㅎ」不規則用言は形容詞のみです。これを「ㅎ」不規則用言、あるいは「ㅎ」変則といいます。

基本形	~아/어요.		~습니다.
파랗다(青い)	파랗 ➡ 파라+ㅐ요	파래요.	파랗습니다.
노랗다(黄色い)	노랗 ➡ 노라+ㅐ요	노래요.	노랗습니다.
까맣다(黒い)	까맣 ➡ 까마+ㅐ요	까매요.	까맣습니다.
그렇다(そうだ)	그렇 ➡ 그러+ㅐ요	그래요.	그렇습니다.
이렇다(こうだ)	이렇 ➡ 이러+ㅐ요	이래요.	이렇습니다.
빨갛다(赤い)	빨갛 ➡ 빨가+ㅐ요	빨개요.	빨갛습니다.
例外	하얗다(白い)	하얘요.	하얗습니다.
※「ㅎ」がつく場合でも活用をしないものがあります。	좋다(良い)	좋아요.	좋습니다.
	놓다(置く)	놓아요.	놓습니다.
	닿다(届く)	닿아요.	닿습니다.
	낳다(産む)	낳아요.	낳습니다.
	넣다(入れる)	넣어요.	넣습니다.

~から、ので　~(으)니까

「~(으)니까」は日本語の「~から、~ので」に当たり、用言の語幹について理由・原因を表す表現です。用言にパッチムがない語幹とㄹ語幹用言は「+~니까」、パッチムがある語幹の場合は「+~으니까」となります。

{ 사고가 나다.(事故がある) 　조심하세요.(気を付けてください)
{ 사고가 나니까 조심하세요.(事故があるから気を付けてください)

{ 건강에 좋다.(健康に良い) 　운동하세요.(運動してください)
{ 건강에 좋으니까 운동하세요.(健康に良いから運動してください)

{ 의자에 앉다.(椅子に座る) 　편해요.(楽です)
{ 의자에 앉으니까 편해요.(椅子に座るので楽です)

{ 멀다.(遠い) 　서두르세요.(急いでください)
{ 머니까 서두르세요.(遠いから急いでください)

(★ㄹ語幹用言)

{ 머리가 아프다.(頭が痛い) 　약을 먹어요.(薬を飲みます)
{ 머리가 아프니까 약을 먹어요.(頭が痛いから薬を飲みます)

{ 중요하다.(重要だ) 　메모하세요.(メモしてください)
{ 중요하니까 메모하세요.(重要だからメモしてください)

～しましょう　～(으)ㅂ시다.

「～(으)ㅂ시다.」は日本語の「～しましょう」に当たり、相手を誘う・勧誘のかしこまった表現を表します。主に目下、同僚の相手に対して使う表現です。

動詞のパッチムがない語幹とㄹ語幹の場合は「＋～ㅂ시다.」、パッチムがある語幹の場合は「＋～읍시다.」を用います。

基本形	語幹(어간)		～しましょう	～しよう
가다 (行く)	가	ㅂ시다.	갑시다. (行きましょう)	가자. (行こう)
놀다 (遊ぶ)	놀 ★ㄹ語幹用言		놉시다. (遊びましょう)	놀자. (遊ぼう)
먹다 (食べる)	먹	읍시다.	먹읍시다. (食べましょう)	먹자. (食べよう)

☆ 가자.(行こう), 놀자.(遊ぼう), 먹자.(食べよう)のように「動詞の語幹＋～자.(～しよう)」のように、親しい間柄で使う表現もあります。

🎧 86 🚦 交通(교통)に関する単語を覚えましょう。

① 표 파는 곳(切符売り場)

② 갈아 타는 곳(乗り換え口)

③ 교통카드를 충전하다
(交通カードicocaとsuicaのようなものにチャージする)

④ 개찰구(改札口)

⑤ 터미널(ターミナル)

⑥ 편도(片道)

⑦ 자유석(自由席)

⑧ 완행(鈍行)

⑨ 쾌속(快速)

⑩ 직행(直通)

⑪ 승차권, 차표(乗車券)

⑫ 시각표(時刻表)

⑬ 타는 곳(乗り場)

⑭ 표를 끊다(切符を買う)

⑮ 역(駅)

⑯ 대합실(待合室)

⑰ 안내소(案内所)

⑱ 왕복(往復)

⑲ 지정석(指定席)

⑳ 특급(特急)

㉑ 급행(急行)

㉒ 종점(終点)

㉓ 첫차를 타다(始発に乗る)

㉔ 막차를 놓치다(終電を逃す)

練習問題

1. 보기 例 を参考にして完成させなさい。

> 보기 例
>
> 먹다(食べる)
> → 먹었어요.(食べました)   → 먹었어요?(食べましたか)

> 가다(行く)
> → 갔어요.(行きました)   → 갔어요?(行きましたか)

(1) 보다(見る)

→ _____   → _____

(2) 마시다(飲む)

→ _____   → _____

(3) 기다리다(待つ)

→ _____   → _____

(4) 쉬다(休む)

→ _____   → _____

(5) 만나다(会う)

→ _____   → _____

(6) 사다(買う)

→ _____   → _____

(7) 살다(住む)

→ _____   → _____

(8) 멀다(遠い)

→ _____   → _____

第17課 어제 뭐 했어요?

⑼ 듣다(聞く) (★ㄷ不規則用言)

　→ _____　　　→ _____

⑽ 읽다(読む)

　→ _____　　　→ _____

⑾ 좋다(良い)

　→ _____　　　→ _____

⑿ 예쁘다(きれいだ) (★으不規則用言)

　→ _____　　　→ _____

⒀ 바쁘다(忙しい) (★으不規則用言)

　→ _____　　　→ _____

⒁ 싸다(安い)

　→ _____　　　→ _____

⒂ 공부하다(勉強する)

　→ _____　　　→ _____

2. 보기例を参考にして完成させなさい。

> 보기例　　처음이다(初めてだ)
> 　　→ 처음이니까(初めてだから)

> 　　내일은 맑다(明日は晴れる)
> 　　→ 내일은 맑으니까(明日は晴れるから)

⑴ 비용이 들다(費用がかかる) (★ㄹ語幹用言)

　→ _____　　절약합시다.(節約しましょう)

⑵ 양이 적다(量が少ない)

　→ _____　　더 주문합시다.(もっと注文しましょう)

⑶ 목이 마르다(のどが渇く)

→ _____ 물을 마시자.(お水を飲みましょう)

⑷ 양말을 신다(靴下を履く)

→ _____ 따뜻해요.(暖かいです)

3. 보기例を参考にして完成させなさい。

> 보기例　　횡단보도를 건너다(横断歩道を渡る)
> → 횡단보도를 건**닙시다**.(横断歩道を渡りましょう)

> 책을 읽다(本を読む)
> → 책을 읽**읍시다**.(本を読みましょう)

⑴ 기다리다(待つ)

→ 선생님을(先生を) _____

⑵ 갈아타다(乗り換える)

→ 전철을(電車に) _____

⑶ 같이 문제를 풀다(一緒に問題を解く) (★ㄹ語幹用言)

→ 우리(私たち) _____

⑷ 찬스를 잡다(チャンスをつかむ)

→ 마지막(最後) _____

第18課 삼겹살을 먹은 적이 있어요?
サムギョプサルを食べたことがありますか。

❶ ～たことがある（～(으)ㄴ 적이 있다）
　～たことがない（～(으)ㄴ 적이 없다）
❷ ～しながら（～(으)면서）
❸ ～ましょうか（～(으)ㄹ까요?）

가와무라 아야노 : 저 가게는 맛없**으면서** 비싸요.

장 지은 : 아야노 씨는 삼겹살을

먹은 적이 있어요?

가와무라 아야노 : 아뇨, **먹은 적이 없어요.**

장 지은 : 맛있는 가게를 알고 있는데

같이 먹으러 **갈까요?**

 河村　彩乃　　あの店は美味しくないながら値段が高いです。
 チャン ジウン　彩乃さんはサムギョプサルを食べたことがありますか。
 河村　彩乃　　いいえ、食べたことがありません。
 チャン ジウン　美味しい店を知っているので

　　　　　　　一緒に食べに行きましょうか。

가게	店
맛없으면서	美味しくないながら 基本形：맛없다 (美味しくない)
비싸요	(値段が)高いです 基本形：비싸다 (高い)
먹은 적이 있어요?	食べたことがありますか 基本形：먹다 (食べる)
먹은 적이 없어요	食べたことがありません
맛있는 가게	美味しい店
알고 있는데	知っているので 基本形：알고 있다 (知っている)
갈까요?	行きましょうか 基本形：가다 (行く)

単語

～たことがある / ～たことがない　～(으)ㄴ 적이 있다 / ～(으)ㄴ 적이 없다

　「～(으)ㄴ 적이 있다」「～(으)ㄴ 적이 없다」は動詞の語幹について過去の経験の有無を表す表現です。動詞のパッチムがない語幹とㄹ語幹の場合は「＋～ㄴ 적이 있다/없다」、パッチムがある語幹の場合は「＋～은 적이 있다/없다」になります。また、経験や体験を表すために、「～아/어/해 본 적이 있다(～してみたことがある)」、「～아/어/해 본 적이 없다(～してみたことがない)」の表現が用いられます。

基本形	語幹	動詞の語幹＋(으)ㄴ 적이 있어요.(?)		
배우다 (学ぶ)	배우	ㄴ 적이 있어요.	배운 적이 있어요.	学んだことがあります
		ㄴ 적이 있어요?	배운 적이 있어요?	学んだことがありますか
살다 (住む) (★ㄹ語幹用言)	살	ㄴ 적이 있어요.	산 적이 있어요.	住んだことがあります
		ㄴ 적이 있어요?	산 적이 있어요?	住んだことがありますか
받다 (貰う)	받	은 적이 있어요.	받은 적이 있어요.	貰ったことがあります
		은 적이 있어요?	받은 적이 있어요?	貰ったことがありますか

基本形	語幹	動詞の語幹＋(으)ㄴ 적이 없어요.(?)		
배우다 (学ぶ)	배우	ㄴ 적이 없어요.	배운 적이 없어요.	学んだことがありません
		ㄴ 적이 없어요?	배운 적이 없어요?	学んだことがありませんか
살다 (住む) (★ㄹ語幹用言)	살	ㄴ 적이 없어요.	산 적이 없어요.	住んだことがありません
		ㄴ 적이 없어요?	산 적이 없어요?	住んだことがありませんか
받다 (貰う)	받	은 적이 없어요.	받은 적이 없어요.	貰ったことがありません
		은 적이 없어요?	받은 적이 없어요?	貰ったことがありませんか

☆ 적＋이(こと＋が)は助詞「이」がついたもので、「은(は)」「도(も)」などの助詞が来る場合もあります。
　例 적은(ことは)、적도(ことも)

～しながら　～(으)면서

　「～(으)면서」は、動詞の語幹について2つの動作や状況が同時に起きることと前と後の事柄、動作、状態が対立することの意味もあります。動詞のパッチムがない語幹とㄹ語幹の場合は「＋～면서」、パッチムがある語幹の場合は「＋～으면서」となります。

❶ 커피를 마시다.(コーヒーを飲む)
　신문을 봐요.(新聞を見ます)
　→ 커피를 마시면서 신문을 봐요.(コーヒーを飲みながら新聞を見ます)

❷ 아이스크림을 먹다.(アイスクリームを食べる)

걸어요.(歩きます)

→ 아이스크림을 먹으면서 걸어요.(アイスクリームを食べながら歩きます)

❸ 친구이다.(友達である) 사이가 좋지 않아요.(仲がよくありません)

→ 친구이면서 사이가 좋지 않아요.(友達でありながら仲がよくありません)

❹ 나를 알다.(私のことを知っている) 모르는 척했다.(知らないふりをした)

→ 나를 알면서 모르는 척했다.(私のことを知っているのに、知らないふりをした)

～ましょうか　～(으)ㄹ까요?

「～(으)ㄹ까요?」は相手の意向を確認することや丁寧な勧誘を表す表現です。動詞・形容詞のパッチムがない語幹とㄹ語幹用言の場合は「＋～ㄹ까요?」、パッチムがある語幹の場合は「＋～을까요?」となります。

基本形	語幹	～ましょうか		
자다(寝る)	자	ㄹ까요?	잘까요?	寝ましょうか
열다(開ける)(★ㄹ語幹用言)	열	ㄹ까요?	열까요?	開けましょうか
앉다(座る)	앉	을까요?	앉을까요?	座りましょうか

擬態語(의태어)と擬声語(의성어)を覚えましょう。

두근두근	どきどき	슬슬	そろそろ
데굴데굴	くるくる	매끈매끈	すべすべ
중얼중얼	ぶつぶつ	소곤소곤	ぼそぼそ
메슥메슥	むかむか	허둥지둥	あたふた
푹	ぐっすり	안절부절	そわそわ
욱신욱신	ずきずき	우물우물	もぐもぐ
술술	すらすら	왁자지껄	わいわい
꾸물꾸물	ぐずぐず	무럭무럭	めきめき

練習問題

1. 보기例를 参考にして完成させなさい。

> **보기例**
> 김치를 먹다(キムチを食べる)
> ➜ 김치를 먹은 **적이 있어요?**(キムチを食べたことがありますか)
> ➜ 김치를 먹은 **적이 없어요**.(キムチを食べたことがありません)

> 운전하다(運転する)
> ➜ 운전한 **적이 있어요?**(運転したことがありますか)
> ➜ 운전한 **적이 없어요**.(運転したことがありません)

(1) 한복을 입다(韓服を着る)

➜ _____

➜ _____

(2) 술을 마시다(お酒を飲む)

➜ _____

➜ _____

(3) 약속 시간에 늦다(約束の時間に遅れる)

➜ _____

➜ _____

(4) 일본에 가다(日本に行く)

➜ _____

➜ _____

2. 보기例를 参考にして完成させなさい。

> **보기例**
> 돈이 있다(お金がある)
> ➜ 돈이 있**으면서** 구두쇠예요.(けちですよ)

第18課 삼겹살을 먹은 적이 있어요?

> 회사에 다니다(会社に通う)
> → 회사에 다니**면서** 한국어를 공부했어요.(韓国語を勉強しました)

(1) 모르다(知らない)

→ _____ 아는 척 하지 마세요.(知っている振りをしないでください)

(2) 사전을 찾다(辞書を引く)

→ _____ 한국어를 공부해요.(韓国語を勉強します)

(3) 음악을 듣다(音楽を聞く) (★ㄷ不規則用言)

→ _____ 춤을 춰요.(踊りを踊ります)

(4) 그림을 그리다(絵を描く)

→ _____ 드라마를 봐요.(ドラマを見ます)

3. 보기例を参考にして完成させなさい。

> 보기例　이것을 받다(これを受け取る)
> → 이것을 받**을까요**?(これを受け取りましょうか)

> 편지를 쓰다(手紙を書く)
> → 편지를 **쓸까요**?(手紙を書きましょうか)

(1) 길을 물어보다(道を尋ねてみる)

→ _____

(2) 그 영화가 재미있다(その映画が面白い)

→ _____

(3) 잘 팔리다(よく売れる)

→ _____

(4) 시험에 붙다(試験に受かる)

→ _____

果物(과일)の単語を覚えましょう。

① 딸기(イチゴ)	② 메론(メロン)	③ 수박(スイカ)	④ 참외(マクワウリ)
⑤ 복숭아(モモ)	⑥ 배(ナシ)	⑦ 바나나(バナナ)	⑧ 앵두(サクランボ)
⑨ 매실(ウメ)	⑩ 감(カキ)	⑪ 포도(ブドウ)	⑫ 호두(クルミ)
⑬ 밤(クリ)	⑭ 석류(ザクロ)	⑮ 귤(ミカン)	⑯ 사과(リンゴ)

| 果物の単語 | 을/를 먹은 적이 있다.없다 ~を食べたことがある/ない | 果物の単語 | 을/를 먹을까요? ~を食べましょうか |

第18課 삼겹살을 먹은 적이 있어요?

キーポイント 17課〜18課

17課

昨日の夜たくさん食べたので散歩しました。
今日も食べ過ぎたので、一緒に散歩しましょう。

어제 저녁을 많이 먹었기 때문에 산책**했어요**.
오늘도 많이 먹**었으니까** 같이 산책합시다.

18課

アイスクリームを食べながら歩いて行きましょう。
韓国の民族村に行ったことがありますか。
いいえ、行ったことがありません。
明日、行きましょうか。

아이스크림을 먹**으면서** 걸어 갑시다.
한국 민속촌에 간 **적이 있어요**?
아뇨, 간 **적이 없어요**.
내일 갈까요?

第19課 지금 뭐 하고 있어요?
今、何をしていますか。

❶ ～してみる(～아/어/해 보다)
❷ ～ている(～고 있다)

장 지선: 미야케 씨 지금 뭐 하고 있어요?

미야케 하루: 부침개를 만들어 보려고 해요.

좀 어려워요.

장 지선: 제가 도와줄게요.

미야케 하루: 감사합니다.

 チャン ジソン　三宅さん、今、何をしていますか。

 三宅　春　　チヂミを作ってみようと思います。

ちょっと難しいですね。

 チャン ジソン　私が手伝いますよ。

 三宅　春　　ありがとうございます。

지금 뭐 하고 있어요?

부침개를 만들어 보려고 해요.

単語

하고 있어요?	～していますか
	基本形：하고 있다 (している)
부침개	チヂミ (지짐이)
만들어 보려고 해요	作ってみようと思います
	基本形：만들어 보다 (作ってみる)
어려워요	難しいです
	基本形：어렵다 (難しい)
도와 줄게요	手伝いますよ
	基本形：도와주다 (手伝う)

連語を覚えましょう。

① 계획을 세우다	計画を立てる	⑧ 땀을 흘리다	汗を流す
② 마음에 들다	気に入る	⑨ 날씨가 흐리다	天気が曇っている
③ 사진을 찍다	写真を撮る	⑩ 꿈을 꾸다	夢を見る
④ 넥타이를 매다	ネクタイを締める	⑪ 도장을 찍다	ハンコを押す
⑤ 편지를 부치다	手紙を出す	⑫ 전화를 받다	電話に出る
⑥ 빨래를 하다	洗濯をする	⑬ 신경을 쓰다	気を使う
⑦ 방을 치우다	部屋を片付ける	⑭ 집을 짓다	家を建てる

銀行(은행)に関する単語を覚えましょう。

① 창구	窓口	⑪ 입금	入金
② 번호표	番号札	⑫ 송금	送金
③ 통장	通帳	⑬ 계좌 이체	(口座)振り込み
④ 도장	ハンコ	⑭ 자동 이체	自動引き落とし
⑤ 계좌 번호	口座番号	⑮ 공과금	公共料金

⑥ 비밀 번호	暗証番号	⑯ 세금	税金
⑦ 현금카드	キャッシュカード	⑰ 수수료	手数料
⑧ 잔액/잔고	残額/残高	⑱ 이자	利子
⑨ 예금	預金	⑲ 적금	積立金
⑩ 저금	貯金	⑳ 현금자동입출금기	ATM

～してみる　～아/어/해 보다

「～아/어/해 보다」は動詞の語幹について試しや経験、意図を表す表現です。

用言の最終語幹がㅏ, ㅗの場合は「陽母音＋아 보다」、用言の最終語幹がㅏ, ㅗ以外場合は「陰母音＋어 보다」、「하다(する)」で終わる「하+여 보다(하여 보다 ➜ 해 보다)」になります。

陽母音	「ㅏ, ㅗ」の場合+아 보다			
만나다 (会う)	만나 (縮約形)	아 보다	만나 보다	会ってみる
앉다 (座る)	앉아		앉아 보다	座ってみる
陰母音	「ㅏ, ㅗ以外」の場合+어 보다			
배우다 (学ぶ)	배우 (縮約形)	어 보다	배워 보다	学んでみる
마시다 (飲む)	마시 (縮約形)		마셔 보다	飲んでみる
해요	하語幹+「ㅕ」=해 보다			
일하다 (働く)	일하	하+여 ↓ 해 보다	일해 보다	働いてみる
구경하다 (見物する)	구경하		구경해 보다	見物してみる

～している　～고 있다

「～고 있다」は動詞のパッチムの有無に関係なく、語幹について現在状況や動作の進行を表す表現です。「～고 있다」の尊敬形は「～고 계시다」(～していらっしゃる)です。

基本形	語幹	～しています/ ～していますか		
타다 (乗る)	타	語幹 ＋ 고 있어요. 고 있어요?	타고 있어요. 타고 있어요?	乗っています 乗っていますか
팔다 (売る)	팔		팔고 있어요. 팔고 있어요?	売っています 売っていますか
찾다 (探す)	찾		찾고 있어요. 찾고 있어요?	探しています 探していますか
일하다 (働く、仕事する)	일하		일하고 있어요. 일하고 있어요?	仕事しています 仕事していますか

練習問題

1. 보기例を参考にして完成させなさい。

> 보기例　　한 번 믿다(一度信じる)
> → 한 번 믿**어 봐요**.(一度信じてみましょう)

> 단어를 외우다(単語を覚える)
> → 단어를 외**워 봐요**.(単語を覚えてみましょう)

(1) 음악을 듣다(音楽を聞く) (★ㄷ不規則用言)

→ _____

(2) 창문을 열다(窓を開ける)

→ _____

(3) 편지를 쓰다(手紙を書く) (★으不規則用言)

→ _____

(4) 한국에서 칼국수를 시키다(韓国で手打ちうどんを注文する)

→ _____

2. 보기例を参考にして完成させなさい。

> 보기例　　인구가 늘다(人口が増える)
> → 인구가 늘고 **있어요**.(人口が増えています)

> 피아노를 치다(ピアノを弾く)
> → 피아노를 치고 **있어요**.(ピアノを弾いています)

(1) ATM(현금자동 입출금기)에서 돈을 찾다(お金をおろす)

→ _____

(2) 쓰레기를 쓰레기봉투에 넣다(ゴミをゴミ袋に入れる)

→ _____

⑶ 친구를 기다리다(友達を待つ)

　→ _____

⑷ 편지를 부치다(手紙を出す)

　→ _____

🛒 デパート(백화점)でショッピングをしてみよう。

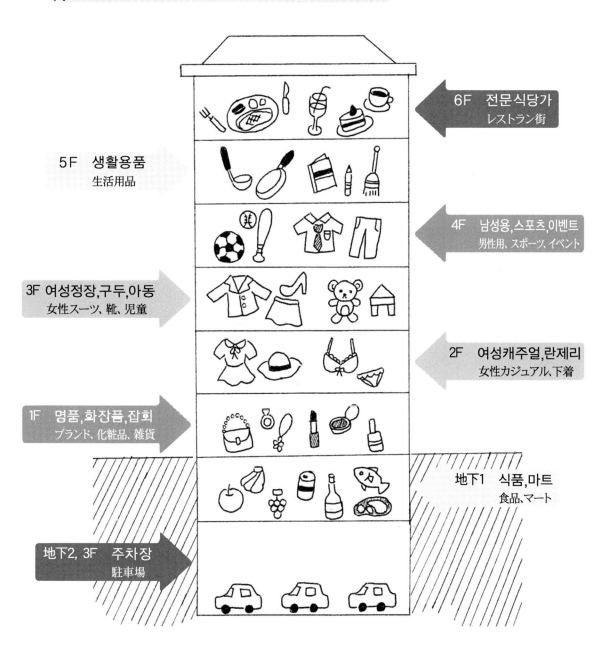

【95】 小物・生活雑貨(소지품, 생활잡화)の単語を覚えましょう。

① 가방(カバン)	② 안경(メガネ)	③ 선글라스(サングラス)	④ 우산(傘)
⑤ 장갑(手袋)	⑥ 지갑(財布)	⑦ 스카프(スカーフ)	⑧ 넥타이(ネクタイ)
⑨ 손수건(ハンカチ)	⑩ 허리띠, 벨트(ベルト)	⑪ 브로치(ブローチ)	⑫ 모자(帽子)
⑬ 향수(香水)	⑭ 스마트폰(スマホ)	⑮ 화장품(化粧品)	⑯ 신발, 구두(履き物)

(小物・生活雑貨の単語) 를/을 사고 있어요.
〜を買っています

第20課 언제 한국에 올 거예요?
いつ韓国へ来るつもりですか。

❶ ～する・～だ・～だろう(～겠)
❷ ～するつもりです・～でしょう(～(으)ㄹ 거예요.(?)

장지은: 언제 한국에 **올 거예요**?

가와무라 아야노: 겨울 방학에 가려고 해요.

장지은: 인천 공항까지 마중 나가**겠습니다**.

가와무라 아야노: 한국의 겨울은 추워요?

장지은: 네, 너무 추워요.

 チャン ジウン　いつ韓国へ来るつもりですか。

 河村　彩乃　　冬休みに行こうと思います。

 チャン ジウン　仁川空港まで迎えに行きます。

 河村　彩乃　　韓国の冬は寒いですか。

 チャン ジウン　はい、とても寒いです。

언제 한국에 올 거예요?

겨울 방학에 가려고 해요.

単語

언제	いつ
올 거예요?	来るつもりですか
겨울 방학	冬休み
인천 공항	仁川空港
마중 나가겠습니다	迎えに行きます
	基本形：마중 나가다(迎えに行く)
겨울	冬
추워요?	寒いですか　基本形：춥다(寒い)

～する・～だ・～だろう　～겠

「～겠」は用言の未来時制や意志・推量・婉曲の表現です。用言の語幹にパッチムの有無に関係なく、「+겠」となります。

- 제가 내다(私が払う)
  제가 내겠어요. (自分の意向)
- 한식을 먹다.(韓食を食べる)
  한식을 먹겠어요? (自分の意向)
- 네, 알다(はい、わかる)
  네, 알겠습니다. (婉曲)
- 맛있다.(美味しい)
  맛있겠다. (推量)
- 내일은 맑다.(明日は晴れる)
  내일은 맑겠습니다. (推量)
- 처음 뵙다(初めてお目にかかる)
  처음 뵙겠습니다. (初めてお目にかかります) (婉曲)

叙述形
겠+습니다/어요 ➔ 겠습니다./겠어요.

疑問形
겠+습니까?/어요? ➔ 겠습니까?/겠어요?

する(現在、過去、未来)
합니다/해요　します(現在)
했습니다/했어요　しました(過去)
하겠습니다/하겠어요　します(未来・意志)

～するつもりです・～でしょう　～(으)ㄹ 거예요.(?)

「～(으)ㄹ 거예요.(?)」は動詞の語幹について話し手の意志「～するつもりです」や未来の推測「～だろう」、意図、予定を表します。子音語幹には「～을 거예요.」、母音語幹には「～ㄹ 거예요.」となります。また、ㄹ語幹で終わる場合は「ㄹ」が脱落し、「～ㄹ 거예요.」となります。肯定形では1人称は意志を表すものであり、2、3人称が推量や未来を表します。疑問形では2人称は意志や未来、3人称が推量や推測を表します。また、形容詞の場合は3人称が推量や推測を表します。

❏ 반드시 합격하다.(必ず合格する)
　반드시 합격할 거예요.(必ず合格するでしょう)(意思)
❏ 대학에서 경영학을 배우다.(大学で経営学を学ぶ)
　대학에서 경영학을 배울 거예요.(大学で経営学を学ぶつもりです)(意思)
❏ 어려운 문제를 제가 꼭 풀다.(★ㄹ語幹用言)(難しい問題を私が必ず解く)
　어려운 문제를 제가 꼭 풀 거예요.(難しい問題を私が必ず解くつもりです)(意思)
❏ 내일은 춥다.(明日は寒い)
　내일은 추울 거예요.(明日は寒いでしょう)(推測)
❏ 벌써 도착했다.(もう着いた)
　벌써 도착했을 거예요.(もう着いたでしょう)(推測)

※ 動詞・指定詞は体言(名詞、代名詞、数詞)を修飾するときに連体形に変わります。すなわち、名詞・代名詞を修飾する動詞・形容詞・存在詞・指定詞のことを連体形といいます。連体形には「母音語幹(パッチムがなし)、子音語幹(パッチムがあり)、ㄹ語幹」の種類があります。

☆ 動詞の連体形

語幹	現在	過去	未来	過去回想
パッチムない	는	ㄴ	ㄹ	던
가다(行く)	가는	간	갈	가던
ㄹ語幹	는	ㄴ	ㄹ	던
살다(住む)	사는	산	살	살던
パッチムある	는	은	을	던
먹다(食べる)	먹는	먹은	먹을	먹던

```
現在連体形:語幹+는              ～する・～している
過去連体形:語幹+(母音)ㄴ/(子音)은   ～した
未来連体形:語幹+(母音)ㄹ/(子音)을   ～する
過去回想連体形:語幹+던            ～した・～していた
```

☆ 形容詞の連体形

語幹	現在	過去	未来
パッチムない	ㄴ	던	ㄹ
나쁘다(悪い)	나쁜	나쁘던	나쁠
ㄹ語幹	ㄴ	던	ㄹ
멀다(遠い)	먼	멀던	멀
パッチムある	은	던	을
좋다(いい)	좋은	좋던	좋을

```
現在連体形：語幹＋(母音)ㄴ/(子音)은       ～な
過去連体形：語幹＋던                    ～だった
未来連体形：(母音)ㄹ/(子音)을            ～な
```

☆ 存在詞と指定詞の連体形

	基本形	現在	過去	未来
存在詞	있다 (ある・いる)	는 있는	던・었던 있던・있었던	을 있을
	없다 (ない・いない)	는 없는	던・었던 없던・없었던	을 없을
指定詞	이다 (～だ、である)	ㄴ 인	던・었던 이던・이었던	ㄹ 일
	아니다 (ではない)	ㄴ 아닌	던・었던 아니던・아니었던	ㄹ 아닐

```
存在詞－現在連体形：語幹＋는           ～する・～している
      過去連体形：語幹＋던・었던       ～した・していた
      未来連体形：語幹＋을            ～する
指定詞－現在連体形：語幹＋ㄴ           ～な
      過去連体形：語幹＋던・었던       ～だった
      未来連体形：語幹＋ㄹ            ～な
```

7색깔무지개를 외워 봅시다。

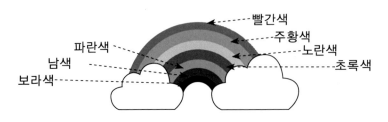

練習問題

1. 보기例を参考にして完成させなさい。

> **보기例**
> 맛이 짜다(味が塩辛い)
> ➜ 맛이 짜**겠어요**.(味が塩辛いでしょう)

> 올해 연하장을 꼭 보내다(今年年賀状を必ず送る)
> ➜ 올해 연하장을 꼭 보내**겠어요**.(今年年賀状を必ず送ります)

(1) 천천히 읽다(ゆっくり読む)
➜ _____

(2) 김치가 맵다(キムチが辛い)
➜ _____

(3) 가방이 무거우니까 어깨가 아프다(カバンが重いので肩が痛い)
➜ _____

(4) 금방(間もなく) 벚꽃이 피다(桜が咲く)
➜ _____

2. 보기例を参考にして完成させなさい。

> **보기例**
> 보이다(見える)
> ➜ 보일 **거예요**.(見えるでしょう)

> 그 일이 힘들다(その仕事は大変だ)
> ➜ 그 일이 힘들 **거예요**.(その仕事は大変でしょう)

(1) 밖이 추우니까 길이 얼다(外は寒いから道が氷る) (★ㄹ語幹用言)
➜ _____

(2) 차가 없어 불편하다(車がなくて不便だ)
➜ _____

(3) 올해부터 물가가 오르다(今年から物価が上がる)
➜ _____

(4) 숙제를 내일까지 끝내다(宿題を明日までに終える)
➜ _____

第20課 언제 한국에 올 거예요?

日常生活(일상생활)の単語を覚えましょう。

- 24시
- 23:00 자다 (寝る)
- 22:00 목욕을 하다 (風呂に入る)
- 21시
- 20:00 저녁을 먹다 (夕食を食べる)
- 19:00 텔레비전을 보다 (テレビを見る)
- 19시
- 18:00 숙제 하다 (宿題する)
- 6시
- 06:00 일어나다 (起きる)
- 06:30 세수를 하다 (顔を洗う)
- 07:30 아침을 먹다 (朝食を食べる)
- 12:30 점심을 먹다 (昼食を食べる)
- 09:00 학교에 가다 (学校に行く)
- 13:30 수업을 받다 (授業を受ける)
- 12:00 공부를 하다 (勉強する)
- 15시
- 9시
- 12시

(98)

① 일어나다 (起きる)

② 세수하다 (顔を洗う)

③ 아침밥을 먹다 (朝食を食べる)

④ 학교에 가다 (学校に行く)

⑤ 수업을 받다 (授業を受ける)

⑥ 점심밥을 먹다 (昼食を食べる)

⑦ 공부하다 (勉強する)
숙제를 하다 (宿題をする)

⑧ 텔레비전을 보다 (テレビを見る)

⑨ 저녁밥을 먹다 (夕食を食べる)

⑩ 목욕을 하다 (風呂に入る)

⑪ 자다 (寝る)

(日常生活の単語)

(으)ㄹ 거예요.
~するつもりです

146

キーポイント　　19課〜20課

19課

韓国語のスピーチ大会に参加**してみ**ようと思います。
だから熱心に勉強してい**ます**。

한국어 스피치대회에 참가**해 보**려고 해요.
그래서 열심히 공부하**고 있어요**.

20課

韓国語の達人に**なります**。
頑張る**つもりです**。
皆さんもファイト！

한국어의 달인이 되**겠습니다**.
열심히 **할 거예요**.
여러분도 파이팅！

文法活用表

		基本形		語幹	現在		요체		否定形	
					~ㅂ니다/습니다	~ㅂ니까?/습니까?	~아/어해요	~아/어해요?	~지 않습니다	~지 않아요
					~ます/~です	~ますか/~ですか	~ます/~です	~ますか/~ですか	~くありません	
動詞	パッチムがない語幹	사다	買う	사	삽니다	삽니까?	사요	사요?	사지 않습니다	사지 않아요
		마시다	飲む	마시	마십니다	마십니까?	마셔요	마셔요?	마시지 않습니다	마시지 않아요
		기다리다	待つ	기다리	기다립니다	기다립니까?	기다려요	기다려요?	기다리지 않습니다	기다리지 않아요
		보다	見る	보	봅니다	봅니까?	봐요	봐요?	보지 않습니다	보지 않아요
		자다	寝る	자	잡니다	잡니까?	자요	자요?	자지 않습니다	자지 않아요
		만나다	会う	만나	만납니다	만납니까?	만나요	만나요?	만나지 않습니다	만나지 않아요
		오다	来る	오	옵니다	옵니까?	와요	와요?	오지 않습니다	오지 않아요
		배우다	学ぶ	배우	배웁니다	배웁니까?	배워요	배워요?	배우지 않습니다	배우지 않아요
		하다	する	하	합니다	합니까?	해요	해요?	하지 않습니다	하지 않아요
		말하다	話す	말하	말합니다	말합니까?	말해요	말해요?	말하지 않습니다	말하지 않아요
		공부하다	勉強する	공부하	공부합니다	공부합니까?	공부해요	공부해요?	공부하지 않습니다	공부하지 않아요
	パッチムがある語幹	먹다	食べる	먹	먹습니다	먹습니까?	먹어요	먹어요?	먹지 않습니다	먹지 않아요
		읽다	読む	읽	읽습니다	읽습니까?	읽어요	읽어요?	읽지 않습니다	읽지 않아요
		받다	受け取る	받	받습니다	받습니까?	받아요	받아요?	받지 않습니다	받지 않아요
		앉다	座る	앉	앉습니다	앉습니까?	앉아요	앉아요?	앉지 않습니다	앉지 않아요
		있다	ある/いる	있	있습니다	있습니까?	있어요	있어요?	있지 않습니다	있지 않아요
		없다	ない/いない	없	없습니다	없습니까?	없어요	없어요?	없지 않습니다	없지 않아요
形容詞		재미있다	面白い	재미있	재미있습니다	재미있습니까?	재미있어요	재미있어요?	재미있지 않습니다	재미있지 않아요
		재미없다	面白くない	재미없	재미없습니다	재미없습니까?	재미없어요	재미없어요?	재미없지 않습니다	재미없지 않아요
		좋아하다	好きだ	좋아하	좋아합니다	좋아합니까?	좋아해요	좋아해요?	좋아하지 않습니다	좋아하지 않아요
		싫어하다	きらいだ	싫어하	싫어합니다	싫어합니까?	싫어해요	싫어해요?	싫어하지 않습니다	싫어하지 않아요
		많다	多い	많	많습니다	많습니까?	많아요	많아요?	많지 않습니다	많지 않아요
		적다	少ない	적	적습니다	적습니까?	적어요	적어요?	적지 않습니다	적지 않아요
		맛있다	美味しい	맛있	맛있습니다	맛있습니까?	맛있어요	맛있어요?	맛있지 않습니다	맛있지 않아요
		맛없다	美味しくない	맛없	맛없습니다	맛없습니까?	맛없어요	맛없어요?	맛없지 않습니다	맛없지 않아요
ㄹ不規則		놀다	遊ぶ	놀	놉니다	놉니까?	놀아요	놀아요?	놀지 않습니다	놀지 않아요
		알다	知る	알	압니다	압니까?	알아요	알아요?	알지 않습니다	알지 않아요
		살다	住む	살	삽니다	삽니까?	살아요	살아요?	살지 않습니다	살지 않아요
ㅡ不規則		쓰다	書く	쓰	씁니다	씁니까?	써요	써요?	쓰지 않습니다	쓰지 않아요
		바쁘다	忙しい	바쁘	바쁩니다	바쁩니까?	바빠요	바빠요?	바쁘지 않습니다	바쁘지 않아요
		예쁘다	きれいだ	예쁘	예쁩니다	예쁩니까?	예뻐요	예뻐요?	예쁘지 않습니다	예쁘지 않아요
ㄷ不規則		듣다	聞く	듣	듣습니다	듣습니까?	들어요	들어요?	듣지 않습니다	듣지 않아요
		걷다	歩く	걷	걷습니다	걷습니까?	걸어요	걸어요?	걷지 않습니다	걷지 않아요
ㅅ不規則		짓다	建てる	짓	짓습니다	짓습니까?	지어요	지어요?	짓지 않습니다	짓지 않아요
		낫다	治る	낫	낫습니다	낫습니까?	나아요	나아요?	낫지 않습니다	낫지 않아요
ㅂ不規則		춥다	寒い	춥	춥습니다	춥습니까?	추워요	추워요?	춥지 않습니다	춥지 않아요
		즐겁다	楽しい	즐겁	즐겁습니다	즐겁습니까?	즐거워요	즐거워요?	즐겁지 않습니다	즐겁지 않아요
르不規則		모르다	知らない	모르	모릅니다	모릅니까?	몰라요	몰라요?	모르지 않습니다	모르지 않아요
		부르다	呼ぶ	부르	부릅니다	부릅니까?	불러요	불러요?	부르지 않습니다	부르지 않아요

依頼	過去形			
~세요 ~てください	~았/었/ 했습니다 ~かったです/ ~ました	~았/었/ 했습니까? ~かったですか/ ~ましたか	~았/었/했어요 ~かったです/ ~ました	~았/었/했어요? ~かったですか/ ~ましたか
사세요	샀습니다	샀습니까?	샀어요	샀어요?
드세요	마셨습니다	마셨습니까?	마셨어요	마셨어요?
기다리세요	기다렸습니다	기다렸습니까?	기다렸어요	기다렸어요?
보세요	봤습니다	봤습니까?	봤어요	봤어요?
주무세요	잤습니다	잤습니까?	잤어요	잤어요?
만나세요	만났습니다	만났습니까?	만났어요	만났어요?
오세요	왔습니다	왔습니까?	왔어요	왔어요?
배우세요	배웠습니다	배웠습니까?	배웠어요	배웠어요?
하세요	했습니다	했습니까?	했어요	했어요?
말씀하세요	말했습니다	말했습니까?	말했어요	말했어요?
공부하세요	공부했습니다	공부했습니까?	공부했어요	공부했어요?
드세요	먹었습니다	먹었습니까?	먹었어요	먹었어요?
읽으세요	읽었습니다	읽었습니까?	읽었어요	읽었어요?
받으세요	받았습니다	받았습니까?	받았어요	받았어요?
앉으세요	앉았습니다	앉았습니까?	앉았어요	앉았어요?
있으세요	있었습니다	있었습니까?	있었어요	있었어요?
계세요	계십니다	계십니까?	계세요	계세요?
없으세요	없었습니다	없었습니까?	없었어요	없었어요?
안 계세요	안 계십니다	안 계십니까?	안 계세요	안 계세요?
재미있으세요	재미있었습니다	재미있었습니까?	재미있었어요	재미있었어요?
재미없으세요	재미없었습니다	재미없었습니까?	재미없었어요	재미없었어요?
좋아하세요	좋아했습니다	좋아했습니까?	좋아했어요	좋아했어요?
싫어하세요	싫어했습니다	싫어했습니까?	싫어했어요	싫어했어요?
많으세요	많았습니다	많았습니까?	많았어요	많았어요?
적으세요	적었습니다	적었습니까?	적었어요	적었어요?
맛있으세요	맛있었습니다	맛있었습니까?	맛있었어요	맛있었어요?
맛없으세요	맛없었습니다	맛없었습니까?	맛없었어요	맛없었어요?
노세요	놀았습니다	놀았습니까?	놀았어요	놀았어요?
아세요	알았습니다	알았습니까?	알았어요	알았어요?
사세요	살았습니다	살았습니까?	살았어요	살았어요?
쓰세요	썼습니다	썼습니까?	썼어요	썼어요?
바쁘세요	바빴습니다	바빴습니까?	바빴어요	바빴어요?
예쁘세요	예뻤습니다	예뻤습니까?	예뻤어요	예뻤어요?
들으세요	들었습니다	들었습니까?	들었어요	들었어요?
걸으세요	걸었습니다	걸었습니까?	걸었어요	걸었어요?
지으세요	지었습니다	지었습니까?	지었어요	지었어요?
나으세요	나았습니다	나았습니까?	나았어요	나았어요?
추우세요	추웠습니다	추웠습니까?	추웠어요	추웠어요?
즐거우세요	즐거웠습니다	즐거웠습니까?	즐거웠어요	즐거웠어요?
모르세요	몰랐습니다	몰랐습니까?	몰랐어요	몰랐어요?
부르세요	불렀습니다	불렀습니까?	불렀어요	불렀어요?

本文の文法まとめ (본문 문법 정리)

名詞+です	입니다.	パッチム関係ない名詞 +입니다.
	이에요.	子音名詞 +이에요.
	예요.	母音名詞 +예요.
名詞+ですか	입니까?	パッチム関係ない名詞 +입니까?
	이에요?	子音名詞 +이에요?
	예요?	母音名詞 +예요?
～と申します・と言います	(이)라고 합니다.	子音名詞 +이라고 합니다.
		母音名詞 +라고 합니다.
～ではありません	이 아닙니다.	子音名詞 +이 아닙니다.
	이 아니에요.	子音名詞 +이 아니에요.
	가 아닙니다	母音名詞 +가 아닙니다
	가 아니에요	母音名詞 +가 아니에요.
～ではありませんか	이 아닙니까?	子音名詞 +이 아닙니까?
	이 아니에요?	子音名詞 +이 아니에요?
	가 아닙니까?	母音名詞 +가 아닙니까?
	가 아니에요?	母音名詞 +가 아니에요?
～ます・です	습니다.	子音語幹 +습니다.
	ㅂ니다.	母音語幹 / ㄹ語幹 +ㅂ니다.
	아요.	陽母音 +아요.
	어요.	陰母音 +어요.
	해요.	する 하다 → 해요.
～ますか・ですか	습니까?	子音語幹 +습니까?
	ㅂ니까?	母音語幹 / ㄹ語幹 +ㅂ니까?
	아요?	陽母音 +아요?
	어요?	陰母音 +어요?
	해요?	する 하다 → 해요?
～くない～ない	안	動詞・形容詞の語幹前に 안
	지 않다.	パッチム関係ない動詞・形容詞の語幹 +지 않다.
られる・でいらっしゃる	으시다	子音語幹 +으시다
	시다	母音語幹 +시다
	이시다	名詞 +이시다
～してください	아 주세요.	陽母音 +아 주세요.
	어 주세요.	陰母音 +어 주세요.
	해 주세요.	する 하다 → 해 주세요.
します	을게요.	子音語幹 +을게요.
	ㄹ게요.	母音語幹 / ㄹ語幹 +ㄹ게요.
～することができる	을 수 있다.	子音語幹 +을 수 있다.
	ㄹ 수 있다.	母音語幹 / ㄹ語幹 +ㄹ수 있다.
～することができない	을 수 없다.	子音語幹 +을 수 없다.
	ㄹ 수 없다.	母音語幹 / ㄹ語幹 +ㄹ 수 없다.

～できない	못 지 못하다.	動詞の語幹前に 못 パッチム関係ない動詞の語幹 ＋지 못하다.
～が好きだ	을 좋아하다. 를 좋아하다.	子音名詞 ＋을 좋아하다. 母音名詞 ＋를 좋아하다.
～が嫌いだ	을 싫어하다. 를 싫어하다.	子音名詞 ＋을 싫어하다. 母音名詞 ＋를 싫어하다.
～したい	고 싶다	パッチム関係ない動詞の語幹 ＋고 싶다
～ました・かったです	았습니다. 었습니다. 했습니다. 았어요. 었어요. 했어요.	陽母音 ＋았습니다. 陰母音 ＋었습니다. する(하다) 했습니다. 陽母音 ＋았어요. 陰母音 ＋었어요. する(하다) 했어요.
～ましたか・かったですか	았습니까? 었습니까? 했습니까? 았어요(?) 었어요(?) 했어요(?)	陽母音 ＋았습니까? 陰母音 ＋었습니까? する(하다) 했습니까? 陽母音 ＋았어요? 陰母音 ＋었어요? する(하다) 했어요?
指定詞の過去形	이다 아니다	이었습니다. 아니었습니다.
～しましょう	읍시다. ㅂ시다.	子音語幹 ＋읍시다. 母音語幹 ㄹ語幹 ＋ㅂ시다.
～たことがある	은 적이 있다. ㄴ 적이 있다.	子音語幹 ＋은 적이 있다. 母音語幹 ㄹ語幹 ＋ㄴ 적이 있다.
～たことがない	은 적이 없다. ㄴ 적이 없다.	子音語幹 ＋은 적이 없다. 母音語幹 ㄹ語幹 ＋ㄴ 적이 없다.
ますか・ましょうか	을까요? ㄹ까요?	子音語幹 ＋을까요? 母音語幹 ㄹ語幹 ＋ㄹ까요?
～てみる	아 보다 어 보다 해 보다	陽母音 ＋아 보다 陰母音 ＋어 보다 する 하다→해 보다
する・だ・だろう	겠어요.	パッチム関係ない動詞の語幹 ＋겠어요.
～するつもり	을 거예요. ㄹ 거예요.	子音語幹 ＋을 거예요. 母音語幹 ㄹ語幹 ＋ㄹ 거예요.

助詞のまとめ（조사 정리）

		パッチムあり	パッチムなし	ㄹパッチム
～は	主題	은	는	
～が	主語	이	가	
～を	目的	을	를	
～で	材料、手段、道具、原因	으로(体言)	로(体言)	로(体言)
	場所	에서		
～へ	方向、経由	으로(体言)	로(体言)	로(体言)
～に	変化	으로(体言)	로(体言)	로(体言)
	場所	에		
	人や動物	에게/한테		
	尊敬	께		
～も	添加	도		
～と	羅列	하고		
		이랑	랑	
		과	와	
～の	所有	의		
～から	場所の起点	에서		
	時、順序の起点	부터		
	人や動物	에게서/한테서		
～まで	終点	까지		
～より	比較	보다		

単語ノート(韓→日)

ㄱ

가게	店	12, 36, 45, 128
가구	家具	37
가깝다	近い	98
가끔	たまに	87
가다	行く	36, 39, 43, 51, 92, 96, 111, 119, 121, 123, 128, 131, 143, 146
가르치다	教える	75
가뭄	日照り	55
가방	カバン	75, 140, 145
가볍다	軽い	98
가수	歌手	31, 114
가슴	胸	56
가운데	真ん中	64
가위	ハサミ	13
가을	秋	126
가장	最も、一番	52, 87
가족	家族	41
가지	ナス	9
각자	各自	50
간사하다	ずるい	70
간호사	看護師	114
갈 곳	行くところ	106
갈비	カルビ	37
갈아 타는 곳	乗り換え口	122
갈아입다(옷을)	着替える(服を)	107
갈아타다	乗り換える	125
감	カキ	133
감기	風邪	37
감기에 걸리다	風邪を引く	87
감동	感動	37
갑자기	突然、急に	87
값	値段	16, 17, 130
갔다	行った	16
강	川	16
강아지	子犬	28
강하다	強い	98
같이, 함께	一緒に	28, 87, 101, 125
갚다	返す	92
개	犬	33, 66
개	個	62
개다(빨래를)	たたむ(洗濯物を)	107
개미	アリ	12
개찰구	改札口	122
걔	その子	12
거기	そこ	52
거기를(거길)	そこを	63
거미	クモ	9
거스름돈, 잔돈	お釣り	61
거의	ほとんど	87
건강	健康	121
건강하다	元気だ	51
건너다	渡る	125
걷다	歩く	102, 103
게다가	その上	74
게자리	かに座	97
겨울	冬	126, 140
겨울 방학	冬休み	140
겨울이다	冬だ	94
결혼하다	結婚する	83
경승용차	軽自動車	53
경영학	経営学	27, 141
경찰관	警察官	114
계산하다	計算する	61
계시다	いらっしゃる	70, 72
계좌 번호	口座番号	136
계좌 이체	(口座)振り込み	136
계획	計画	76, 136
고구마	サツマイモ	9, 76
고기	肉	37
고맙다	有り難い	111
고모	父の姉妹	77
고민하다	悩む	83
고백하다	告白する	83
고사리	ワラビ	76
고소하다	香ばしい	81
고양이	猫	66
고향	故郷	74
골목	路地	64
골프	ゴルフ	25
곱다	美しい	110
곱하기	掛け算	65
공과금	公共料金	136
공무원	公務員	114
공부(하다)	勉強(する)	37, 42, 44, 51, 86, 89, 92, 109, 118, 124, 132, 146
공항	空港	34, 52
과	課	58
과묵하다	無口だ	70
과자	菓子	12, 67
굉장히	すごく	87
교통	交通	122
교통카드	交通カード (icocaとsuicaのようなもの)	122
구	9	58
구 월	9月	59
구경하다	見物する	137
구두	靴	37, 45, 101, 139
구두쇠	けち	131
구름	雲	55
국가	国家	50
국력	国力	20
국수	そば	109

군인	軍人	114
굳이	敢えて	28
굶다	飢える	17
권	冊	62
궤도	軌道	13
귀	耳	56
귤	ミカン	133
그	その	57, 63
그 일	その仕事	145
그(들)	彼(ら)	22
그것(그거)	それ	63
그것은(그건)	それは	63
그것을(그걸)	それを	63
그것이(그게)	それが	63
그녀(들)	彼女(ら)	22
그래도	それでも	74
그래서	それで、だから	74, 117
그러나	しかし、だが、けれども	74
그러니까	だから、つまり	74
그러면	それなら	74
그러므로	それゆえ	74
그런데	ところで	74, 109
그럼	それでは、それなら	74
그렇다	そうだ	120
그렇다고 해서	そうかといって	74
그렇지만	しかし、だが、でも	37, 74
그리고	そして	74
그리다(그림을)	描く(絵を)	106, 132
그린데이	グリーンデー	68
그림	絵	106, 132
그믐	30日	62
그분	その方	22
그분들	その方々	22
그저께	一昨日	40, 60
근처	近く	64
글꼴	フォント	119
글자깨짐	文字化け	119
글피	しあさって	60
금방	今すぐ	145
금요일	金曜日	52, 59
급행	急行	122
긋다(선을)	引く(線を)	94
기다리다	待つ	43, 86, 88, 89, 123, 125, 139
기르다	養う	84
기모노	着物	32
기부	寄付	37
기쁘다	嬉しい	85, 98
기숙사	寮	45
기초	基礎	54
길	道	106, 132, 145
길다	長い	82

김밥	海苔巻	90
김치	キムチ	16, 40, 105, 111, 131, 145
김치찌개	キムチチゲ	90
까맣다	黒い	120
까지	まで	49
깎다	削る、値切る	16, 86
깨끗하다	綺麗だ	70, 83
깨닫다	気づく	102
깻잎	ゴマの葉	76
꼬리	尻尾	14
꼭	必ず	87
꽃	花	16, 98
꽃가루알레르기	花粉症	55
꽃다발	花束	67
꽃샘추위	花冷え	55
꽃잎	花びら	59
꽃집	花屋	36
꾸다(꿈을)	見る(夢を)	107, 136
꾸물꾸물	ぐずぐず	130
꿈	夢	107, 136
끄다	消す	14
끓이다	沸かす	17
끝나다	終わる	117
끝내다	終える	145
끼다(장갑을)	はめる(手袋を)	101

ㄴ

나, 저	わたし、僕、おれ、わたくし	19, 21, 75
나가다	出かける	106
나누기	割り算	65
나라	国	9
나비	蝶	37
나쁘다	悪い	54, 84, 98
나이	歳	73
나흘	4日	62
날씨	天候、天気	55, 136
남대문시장	南大門市場	36
남동생	弟	77
남성용	男性用	139
남자친구	ボーイフレンド	41
남쪽	南側	64
낫다	治る	94
낮다	低い	82, 98
낮잠	昼寝	50
낳다	産む	120
내년	来年	60
내다	出す、払う	92, 140
내리다	降る	126
내일	明日	52, 60, 117, 124, 142, 145
냉면	冷麺	90, 109, 110
냉장고	冷蔵庫	32

냉정하다	冷静だ	70
너	おまえ、きみ	22
너구리	タヌキ	9
너무	とても	109
너희들	あなたたち、きみたち	22
넋	魂	16, 17
널다(빨래를)	干す(洗濯物を)	107
넓다	広い	17, 70, 93, 98, 118
넣고	入れて	37
넣다	入れる	89, 120, 138
네	はい	90
넥타이	ネクタイ	136, 140
넷	四つ	62
년	年	58
노랗다	黄色い	120
노래방	カラオケ	34, 101
노력하다	努力する	83
노조	労組	9
노트북	ノートパソコン	98
놀다	遊ぶ	38, 39, 45, 81, 84, 106, 121
높다	高い	38, 82, 98
놓다	置く	16, 120
놓치다	逃す	122
누구	誰	30, 65
누나	姉	77
눈	雪	16, 97, 126
눈	目	56
눈사람	雪だるま	97
눈썹	眉毛	56
는	～は	19
늘, 언제나, 항상	いつも	87
늘다	増える	138
늦다	遅い、遅れる	98, 131
늦잠을 자다	朝寝坊する	107, 117

ㄷ

다, 모두	すべて	87
다니다	通う	111, 129
다른 이름으로 저장	名前を付けて保存	119
다리	脚	56
다섯	五つ	62
다시	再び	87
다시 말해	言い換えれば	74
다시마	昆布	9
다음 달	来月	60
다음 주	来週	60
다이어리데이	ダイアリーデー	68
닦다(이를)	磨く(歯を)	107
단어	単語	138
닫기	閉じる	119
닫다	閉める	89, 103
달다	甘い	81, 93
달리다	走る	113
닭	鶏	16, 17, 33
담력	度胸	20
담배	タバコ	105
담요	毛布	60
답장하다	返事・返信する	41
닷, 점	ドット	71
닷새	5日	62
당근	ニンジン	76, 112
닿다	届く	120
대	台	62
대나무	竹	9
대범하다	大らかだ	70
대설	大雪	55
대체로	大体	87
대학교	大学	24, 30, 143
대학생	大学生	19, 21, 23, 27, 119
대한민국	大韓民国	20
대합실	待合室	122
댁	お宅	73
더	もっと	49, 52, 124
더블유	W	71
더워요	暑いです	13
더하기	足し算	65
덥다	暑い	74, 111, 126
덧셈	足し算	59
데굴데굴	くるくる	130
도	も	27
도구	道具	9
도서관	図書館	30, 31, 54
도시락을 싸다	お弁当を作る	87
도와주다	手伝う	89, 106, 113, 136
도장	ハンコ	136
도착하다	到着する	143
도쿄	東京	21, 52
독감	インフルエンザ	95
독서	読書	25
독일	ドイツ	20
독자	読者	50
돈	お金	16, 92, 104, 131
돈을 내다	お金を出す	61
돈을 찾다	お金をおろす	87, 138
돋보기	虫眼鏡	50
돌리다(세탁기를)	まわす(洗濯機を)	107
돌솥밥	石焼きのご飯	50
돌솥비빔밥	石焼きビビンバ	90
돌아가시다	お亡くなりになる	72
동쪽	東側	64
돼지	イノシシ・豚	13, 33, 37
되다	なる	84, 120
두근두근	どきどき	130
두부	豆腐	37
두부찌개	豆腐チゲ	90
두통약	頭痛薬	60

둘	二つ	62
뒤	後、裏	64
드라마	ドラマ	33, 132
드라이브	ドライブ	25
드리다	差し上げる	72
듣다	聞く	43, 46, 50, 88, 103, 111, 124, 132, 138
들다(돈이)	かかる(お金が)	124
등기우편	書留	41
등산	登山	25
디	D	71
디자인	デザイン	75
따다	取る	14
따뜻하다	温かい、暖かい	98, 125, 126
따로따로	別々に	14
따르다	従う	85
딸기	イチゴ	66, 133
땀(이 나다)	汗(が出る)	87
때	時	112
떡	餅	52
떡국	餅スープ	90
떡볶이	トッポギ	90
떫다	しぶい	81
또	また	74
똑바로, 곧바로	まっすぐに	87
뛰다	走る	14, 84, 120
띄다(눈에)	つく(目に)	84, 120

ㄹ

라디오	ラジオ	9
라면	ラーメン	55
란제리, 속옷	下着	139
러시아	ロシア	9, 21
로마	ローマ	9
로즈데이	ローズデー	68
롯데월드	ロッテワールド	36
를/을	を	27

ㅁ

마늘	ニンニク	76
마르다(목이)	渇く(のどが)	125
마리	匹	62
마시다	飲む	38, 43, 54, 72, 84, 104, 120, 129, 137
마음에 들다	気に入る	87, 136
마중 나가다	迎えに行く	140
마지막	最後	125
마트	マート	40, 139
마흔	四十	62
막걸리	マッコリ	97, 105
막내	末っ子	77
막차	終電	122
만	万	59
만나다	会う	43, 46, 72, 88, 93, 123, 137
만들다	作る	39, 89, 96, 102, 104, 105, 111
만들어 보다	作ってみる	136
많다	多い	16, 17, 38, 98
말	馬	33
말	言葉	73
말씀	お言葉、おっしゃること	73
말씀하시다	おっしゃる	72
말하다	言う、話す	72, 86, 102, 105
맑다, 맑음	晴れる、晴れ	55, 124, 126, 142
맛	味	145
맛없다	美味しくない	40, 128, 130
맛있다	美味しい	40, 142
맞은편	向かい側	64
맞히다	当てる	37
매끈매끈	すべすべ	130
매다(넥타이를)	締める(ネクタイを)	136
매실	ウメ	133
매우	とても	52
맵다	辛い	54, 81, 111, 145
머리	頭	56, 121
머리를 감다	髪を洗う	107
먹다	食べる	38, 50, 72, 84, 105, 109, 121, 128, 142
멀다	遠い	39, 49, 88, 98, 118, 121
메론	メロン	133
메모하다	メモする	121
메슥메슥	むかむか	130
메일	メール	96
멕시코	メキシコ	20
면도하다	ひげをそる	107
면세점	免税店	36
명랑하다	朗らかだ	70
명품	ブランド	139
모레	あさって	40, 60
모르다	知らない、わからない	85, 89, 113, 132
모으다	貯める	92
모자	帽子	10, 37, 140
목	首、のど	56, 76, 125
목요일	木曜日	40, 59
목욕을 하다	風呂に入る	146
몸	体	56
몹시	ひどく	52
무	大根	76
무겁다	重い	98, 113, 145
무럭무럭	めきめき	130
무릎	膝	56
무비데이	ムービーデー	68
무시	無視	10
무엇/뭐	何	13, 27, 117
무지개	虹	55
문	ドア	98, 111
문법	文法	54, 96
문장	文章	105

문제	問題	125, 143
묻다	尋ねる、聞く	46, 72, 103, 113
물	水	125
물가	物価	145
물고기자리	うお座	97
물병자리	みずがめ座	97
물어보다	尋ねてみる	132
뭘	何を	109
미국	アメリカ	20
미녀	美女	10
미용사	美容師	114
믿는다	信じる	20
믿다	信じる	16, 103, 113, 138

ㅂ

바나나	バナナ	133
바느질을 하다	針仕事をする	107
바다	海	10, 32, 37, 52
바람	風	55
바쁘다	忙しい	38, 39, 44, 124
바지	ズボン	37, 55
박물관	博物館	45
밖	外	64, 145
반드시	必ず、きっと	87, 143
받다	受け取る、貰う	38, 103, 113, 129, 132
받다(전화를)	出る(電話に)	136
발	足	56
발라드	バラード	55
발렌타인데이	バレンタインデー	68
발신인	差出人	41
밝다	明るい	98
밟다	踏む	17
밤	クリ	16, 131
밤	夜	41
밤일	夜勤(夜の仕事)	60
밥	ご飯	16, 30, 52, 73, 90, 117
밥상	お膳	50
밥하다	ご飯を炊く	37
방	部屋	16, 75, 136
배	船	52, 53
배	ナシ	55, 58, 133
배	お腹	56, 76
배가 고프다	お腹が空く	87, 113
배우	俳優	31, 114
배우다	学ぶ・習う	38, 46, 54, 84, 93, 96 106, 120, 129, 137, 143
배추	白菜	12, 76, 95, 97
백	百	59, 62
백화점	百貨店,デパート	32, 36
뱀	蛇	33
버리다	捨てる	46
버섯	キノコ	76
버스(정류장)	バス(停)	34, 49, 53
번	度、回	62
번개	稲光	55
번지	番地	58
번호(표)	番号(札)	81, 136
벌(옷)	着(服)	62
벌레	虫	112
벌써	すでに、もう	87, 143
벗다	脱ぐ	94, 101
벚꽃	桜	145
베개	枕	12, 98
베트남	ベトナム	20
벨기에	ベルギー	20
변덕스럽다	気まぐれだ	70
변호사	弁護士	114
별로	あまり	87
병	瓶、本	62
병	病気	73
병원	病院	32, 34, 36
병환	ご病気	73
보내다	送る	145
보다	より	49
보다	見る	43, 72, 84, 88, 106 120, 123, 132, 146
보이다	見せる、見える	86, 145
보존	保存	119
복사	コピー	119
복숭아	モモ	133
볼일	用事	60
볼펜	ボールペン	95
봄	春	16, 126
뵙다	お目にかかる	72, 142
부기	簿記	37
부끄럽다	恥ずかしい	70
부대찌개	プデチゲ	90
부르다(노래를)	呼ぶ、歌う、お腹がいっぱいだ	85, 101
부모(님)	(ご)両親	73
부엌	台所	16
부자	金持ち	10
부추	にら	76
부치다(편지를)	出す(手紙を)	136, 139
부침개, 지짐이	チヂミ	136
부터	から	145
북쪽	北側	64
분	分	58
분	方	70, 73
불고기	プルゴギ	30, 90, 110, 112
불꽃놀이	花火	126
불편하다	不便だ	145
붓다	注ぐ、はれる	94
붙다(시험에)	受かる(試験に)	16, 132
붙여넣기	貼り付け	119
붙이다	貼る	28
브라질	ブラジル	20
브로치	ブローチ	139
브이	V	71

한국어	日本語	ページ
블랙데이	ブラックデー	68
비	雨	42, 126
비	B	71
비겁하다	卑怯だ	70
비누	石けん	10
비밀 번호	暗証番号	137
비서	秘書	114
비싸다(값이)	高い(値段が)	51, 80, 98, 128
비용	費用	124
비행기	飛行機	52, 53, 106
빌리다	借りる	92, 96, 104
빠르다	速い	14, 49, 85, 98
빨갛다	赤い	120
빨래(를) 하다	洗濯(を)する	75, 107, 136
빨리	速い	87
빵	パン	16
빼기	引き算	65
빼앗다	奪う	94
뻔뻔하다	ずうずうしい	70
뽀뽀	キス	14
뿌리	根	14

ㅅ

한국어	日本語	ページ
사	4	58
사 월	4月	59
사거리	交差点	64
사고	事故	10, 121
사과	リンゴ	12, 66, 133
사다	買う	43, 46, 84, 88, 89, 123
사람	人	62, 73
사랑	愛	16
사수자리	いて座	97
사용하다	使う	109
사위	婿	13
사이	間	64
사자자리	しし座	97
사전	辞書	132
사진	写真	136
사흘	3日	62
삯	賃金	17
산	山	16, 52
산책(하다)	散歩(する)	25, 75
살	歳	62
살구	アンズ	37
살다	住む	39, 43, 46, 75, 88, 104, 123, 129, 143
삶다	煮る	17
삼	3	58
삼 월	3月	59
삼겹살	サムギョプサル	109
삼계탕	サムゲタン	90, 110, 112
삼촌	父の未婚の兄・弟	77
삽입	挿入	119
상	上	64
상업	商業	28
새우	エビ	12
생각하다	考える, 思う	83, 92
생신	お誕生日	73
생일	誕生日	21, 42, 65, 73
생활용품	生活用品	139
샤워(를 하다)	シャワー(を浴びる)	13, 107
섀도	(アイ)シャドー	12
서늘하다	涼しい	126
서다	立つ	84, 119
서두르다	急ぐ	85
서류	書類	10
서른	三十	62
서리	霜	55
서울(역)	ソウル(駅)	17, 52, 60
서점	書店	34, 36
서쪽	西側	64
석류	ザクロ	133
선글라스	サングラス	140
선물	プレゼント	21, 45, 113
선배	先輩	41
선생님(이다)	先生(だ)	23, 30, 41, 70, 72, 74, 114, 125
설거지를 하다	皿洗いをする	107
설날	元日	71
설마	まさか	87
성실하다	誠実だ	70
성함	お名前	73
세금	税金	137
세무사	税理士	114
세수(를) 하다	顔(を)洗う	75, 107, 146
세우다	止める, 立てる	86
세탁기	洗濯機	107
세탁소	クリーニング店	32, 36
셋	三つ	62
소	牛	33
소곤소곤	ぼそぼそ	130
소나기	にわか雨, 夕立	55
소방관	消防士	114
소포	小包	41
속달	速達	41
손	手	56, 106
손목시계	腕時計	67
손수건	ハンカチ	44, 140
솔직하다	率直だ	70
송금	送金	136
쇄도	殺到	13
쇠고기, 소고기	牛肉	13
쇼핑	ショッピング	25
수도	首都	76
수박	スイカ	133
수수료	手数料	10, 137
수수하다	地味だ	70
수신인 주소	宛先	41

수신인, 수취인	受取人	41
수신인명	宛名	41
수업(을 받다)	授業(を受ける)	21, 36, 146
수영	水泳	25
수요일	水曜日	59
숙박	宿泊	50
숙제(하다)	宿題(する)	44, 50, 76, 145, 146
숟가락	スプーン	50, 109
술	お酒	73, 131
술술	すらすら	130
쉬다	休む	13, 43, 46, 88, 104, 123
쉰	五十	62
쉽다	易しい	50, 98
슈퍼마켓	スーパーマーケット	31, 34
스마트폰	スマートフォン, スマホ	23, 45, 140
스무날	20日	62
스물	二十	62
스웨터	セーター	13
스위스	スイス	20
스카프	スカーフ	140
스키	スキー	25
스페인	スペイン	21
스포츠	スポーツ	139
슬래시	スラッシュ	71
슬슬	そろそろ	130
슬프다	悲しい	98
승용차	乗用車	53
승차권, 차표	乗車券	122
시	時	62
시 월	10月	59
시/씨	C	71
시각표	時刻表	122
시간	時間	42, 62, 131
시계	時計	29
시골	田舎	30
시금치	ほうれん草	76
시끄럽다	騒がしい	70
시내	市内	52
시다	酸っぱい	81
시원하다	涼しい	98
시장	市場	45
시키다, 주문하다	注文する	83, 125, 138
시험 (공부)	試験(の勉強)	42, 44, 111, 117, 132
시험에 떨어지다	試験に落ちる	87
시험에 붙다	試験に受かる	86
식당	食堂	34, 50
식사(하다)	食事(する)	109, 118
식품	食品	139
신경을 쓰다	気を使う	87, 136
신다(구두를)	履く(靴を)	101
신다(양말을)	履く(靴下を)	125
신문	新聞	30, 31, 111, 129
신발, 구두	履き物	140

신용카드로 결제하다	クレジットカードで支払う	61
신칸센	新幹線	97
신호등	信号機	64
싣다	載せる	103
실내	室内	71
실버데이	シルバーデー	68
싫다	嫌だ	17
싫어하다	嫌いだ	110
심술궂다	意地悪い	70
십	10	58
십 분	10分	50
십이 월	12月	59
십일 월	11月	59
싸다	安い, 包む	14, 44, 75, 89, 98, 124
쌀	米	97
쌍둥이자리	ふたご座	97
쑥갓	春菊	76
쓰다	書く	14, 46, 81, 85, 132, 138
쓰다(돈을)	使う(お金を)	92
쓰다(모자를)	かぶる(帽子を)	101
쓰다(안경을)	かける(メガネを)	101
쓰레기	ゴミ	138
쓰레기봉투	ゴミ袋	138
씨	さん	19
씩	ずつ	66
씻다	洗う	86, 94, 106

ㅇ

아기	赤ん坊	7
아까	さっき	14, 87
아뇨	いいえ	27
아는 척 하지 마세요	知っている振りをしないでください	132
아니다	ではない	7, 39, 119, 144
아동	児童	139
아래, 밑	下, 底	64
아르바이트(알바)를 하다	アルバイト(バイト)をする	107
아르헨티나	アルゼンチン	20
아버님, 아버지, 아빠	お父様, お父さん	7, 73, 74, 77
아이	I	71
아이스크림	アイスクリーム	67, 130
아저씨	おじさん	14
아직	まだ	87
아침(밥)	朝(ご飯)	41, 52, 96, 117, 146
아프다	痛い	8, 72, 76, 85, 121, 145
아홉	九つ	62
아흐레	9日	62
아흔	九十	62
안 계시다	いらっしゃらない	72
안, 속	中, 内側	64
안개	霧	55
안경	メガネ	101, 140
안내소	案内所	122
안절부절	そわそわ	130
앉다	座る	16, 72, 82, 93, 113, 121, 130, 137

単語ノート(韓→日)

알/아르	R	71
알고 있다	知っている	128
알다	知る、わかる	39, 46, 80, 82, 118, 142
알리다	知らせる	89
앎	知るの名詞形	17
암탉	メンドリ	17
앞	前、手前	16, 64
애매하다	あいまいだ	70
애프	F	71
앳마크, 골뱅이	アットマーク	71
앵두	サクランボ	133
야구	野球	7, 10, 25
야수	野獣	7
야채	野菜	7, 30
약	薬	94, 121
약국	薬局	34, 36
약사	薬剤師	114
약속(하다)	約束(する)	112, 132
약주	お酒	73
약하다	弱い	98
얌전하다	おとなしい	70
양	羊	33
양	量	124
양말	靴下	125
양보하다	譲る	83
양심	良心	81
양자리	おひつじ座	97
양파	玉ネギ	76
얘기	話	12
어깨	肩	145
어느	どの	58, 63
어느 것(어느 거)	どれ	63
어느 것은(어느 건)	どれは	63
어느 것을(어느 걸)	どれを	63
어느 것이(어느 게)	どれが	63
어느 나라	どの国	31
어둡다	暗い	75, 98
어디	どこ	10, 32, 36, 54
어디를 (어딜)	どこを	63
어떤	どんな	110
어떻게	どのように	92
어렵다	難しい	92, 94, 96, 98, 111, 136, 143
어머니, 엄마, 어머님	お母さん、お母様	7, 73, 76, 77
어부	漁夫、漁師	7
어제	昨日	12, 40, 60, 117
억	億	59
억지로	むりやり	87
언니	姉	77
언제	いつ	52, 64, 142
언짢다	不機嫌だ	17
얹다	載せる	17
얼굴	顔	37, 56
얼다	氷る	145
얼마(이다)	いくら(だ)	58, 65, 80
없다	ない、いない	16, 17, 36, 39, 72, 85, 144
엉덩이	おしり	56
에	に	36
에디오피아	エチオピア	20
에서	(場所)で	27
에서	から	49
에스	S	71
에이	A	71
에이치	H	71
엑스	X	71
엔	円	58
엔	N	71
엘	L	71
엠	M	71
여권	パスポート、旅券	32
여기	ここ	7, 21, 30, 52
여기를(여길)	ここを	63
여덟	八つ	17, 62
여동생	妹	77
여드레	8日	62
여든	八十	62
여름	夏	32, 126
여름 방학	夏休み	40
여섯	六つ	62
여성정장	女性スーツ	139
여성캐주얼	女性カジュアル	139
여우	キツネ	7
여자(친구)	女子、ガールフレンド	7, 41, 81
여쭈다	お伺いする	72
여행	旅行	25, 110, 112
역	駅	16, 122
역사	歴史	50, 81
연구실	研究室	70
연락	連絡	71, 81
연세	お歳	73
연필	鉛筆	65, 74, 85, 97
연하장	年賀状	41, 145
열	十	62
열기	開く	119
열다	開ける	39, 46, 72, 111, 130, 138
열닷새(보름)	15日	62
열심히	熱心に	87
열이 나다	熱が出る	74
열차	列車	53
열흘	10日	62
염소자리	やぎ座	97
엽서	はがき	41
엿새	6日	62
영/공	0	58
영국	イギリス	20

영리	営利	20
영어	英語	28
영화(관)	映画(館)	106, 132
옆	横、隣	64
옆방	隣の部屋	50
예고	予告	12
예금	預金	137
예매	前売り	12
예비	予備	12
예쁘다	きれいだ	44, 85, 88, 124
예순	六十	62
예절	礼節	81
오	5	58
오	O	71
오 월	5月	59
오늘	今日	23, 40, 42, 52, 60, 76, 117
오다	来る	38, 75, 86, 89
오르다	上がる	145
오른쪽	右	64
오리	カモ	7
오빠	兄	77
오이	キュウリ	7
오전	午前	41, 95
오차	誤差	7
오카야마역	岡山駅	30
오후	午後	41
올해	今年	60, 81, 145
옷	服	16, 80, 107
옷감	生地	50
와이	Y	71
와인데이	ワインデー	68
왁자지껄	わいわい	130
완행	鈍行	122
왕복	往復	122
왜	なぜ	13, 64
왜냐하면	なぜなら	74
외곬	一筋	17
외과	外科	13
외동딸	一人娘	77
외동아들	一人息子	77
외삼촌	母の兄弟	77
외우다	覚える	105, 138
외할머니	祖母(お母さんの母)	77
외할아버지	祖父(お母さんの父)	77
왼쪽	左	64
요가	ヨガ	25
요리(하다)	料理(する)	8, 25, 76, 81, 107
요사이	この間	8
용	龍	33
용돈	小遣い	32
우동	うどん	55
우리, 우리(들)	私たち, 我々, われら	8, 22, 125
우물우물	もぐもぐ	130
우산	傘	30, 140
우아	優雅	8
우유	牛乳	8
우주	宇宙	8
우체국	郵便局	34, 45
우체통	郵便ポスト	41
우표	切手	8, 10, 41, 45
욱신욱신	ずきずき	130
운동 (선수)	運動(スポーツ選手)	37, 110, 114
운전하다	運転する	132
웃다	笑う	82, 94
원	ウォン	59, 80
원숭이	猿	33
월	月	58
월요일	月曜日	52, 59
웨이터	ウエーター	13
위	上	64
유	U	71
유 월	6月	59
유도	柔道	8
유리	ガラス	8
유원지	遊園地	110
유학	留学	92, 106
유행	流行	81
육	6	58
육개장	ユッケジャン	90
육교	歩道橋	64
으깨다	つぶす	8
은행	銀行	32, 34, 42
을/를	を	27
읊다	詠ずる、吟ずる	16, 17
음식	食べ物	110
음악	音楽	111, 132, 138
음악 감상	音楽鑑賞	25
음주	飲酒	37
음향	音響	81
의	の	70
의무	義務	13
의사	医者	13, 14
의자	椅子	33, 74, 98, 121
이	この	58, 63
이	2	58
이	E	71
이	歯	107
이 달	今月	60, 76
이 월	2月	59
이것(이거)	これ	63
이것은(이건)	これは	63
이것을(이걸)	これを	63
이것이(이게)	これが	63
이다	だ・である	39, 119, 144
이렇다	こうだ	120
이레	7日	62
이르다	早い、至る	8

이를 닦다	歯を磨く	76
이름	名前	23, 30, 42, 73
이모	母の姉妹	77
이번 달	今月	60
이번 주	今週	60
이벤트	イベント	139
이분(들)	この方, この方々	22
이불	掛け布団	98
이사	引っ越し	106
이야기	話	8
이야기하다, 말하다	話す	113
이유	理由	8
이자	利子	8, 137
이집트	エジプト	20
이쪽	こちら	64
이탈리아	イタリア	20
이틀	2日	62
이해하다	理解する	83
인구	人口	138
인도	インド	20
인도네시아	インドネシア	20
인분	人前	59
인쇄	印刷	119
인천 공항	仁川空港	142
인터넷	インターネット	95
일	1	58
일	日	58
일 년	一年	71
일 월	1月	59
일곱	七つ	62
일본	日本	20, 131
일본 사람, 일본인	日本人	96
일본어	日本語	28, 105
일부러	わざわざ	87
일어나다	起きる	118, 146
일요일	日曜日	59
일찍	早い	87
일하다	働く, 仕事する	93, 118, 137
일흔	七十	62
읽다	読む	17, 43, 46, 54, 88, 104, 111, 124, 145
잃다	なくす, 失う	17
입	口	16, 56
입구	入口	50, 54, 64
입국	入国	50
입금	入金	136
입니다	です	19, 27
입다	着る	46, 51, 101, 102, 105, 111, 131
입맛	食欲	20
입장	立場	50
잇다	結ぶ, 繋ぐ, 続ける	94
있다	ある・いる	36, 39, 50, 72, 85, 111, 144

잊다	忘れる	16, 82
잊히다	忘れられる	37

ス

자다	寝る	72, 75, 84, 96, 130, 146
자동 이체	自動引き落とし	136
자동차	自動車	55
자동현금인출기	ATM	66
자르다	切る	85
자매	姉妹	77
자유석	自由席	122
자전거	自転車	29, 33, 49, 53, 55
자주	たびたび	52
작년	去年	60
작다	小さい	98
작은아버지	父の弟で結婚している人	77
잔	コップの数	62
잔돈으로 바꾸다	くずす(お金)	61
잔액/잔고	残額/残高	137
잘 못하다	よくできない	101
잘라내기	切り取り	119
잘하다	上手だ	75, 96
잠깐	しばらく	87
잠들다	眠る	107
잡다	つかむ	125
잡수시다/드시다	召し上がる	72
잡지	雑誌	31, 50
잡화	雑貨	139
장	枚	62
장갑	手袋	140
장마	梅雨	126
재미없다	面白くない	40
재미있다	面白い	40, 74, 92, 118, 132
저	あの	58, 63
저, 나	私, わたくし	19, 21, 22, 76
저것(저거)	あれ	63
저것은(저건)	あれは	63
저것을(저걸)	あれを	63
저것이(저게)	あれが	63
저금	貯金	137
저기를(저길)	あそこを	63
저녁	夕方, 晩	41, 52, 117
저녁, 저녁밥	夕ご飯	75, 96, 146
저분	あの方	22
저분들	あの方々	22
저수지	貯水池	10
저쪽	あちら	64
저희, 저희들	私達	22
적금	積立金	137
적다	少ない	82, 98, 124
전갈자리	さそり座	97
전공	専攻	27
전등	電灯	98

전문식당가	レストラン街	139
전부	全部	58
전철	電車	125
전혀	全然、まったく	52, 87
전화	電話	136
전화번호	電話番号	58, 66
절약하다	節約する	125
젊다	若い	16, 17
점심, 낮	昼	41, 117
점심밥	昼食	146
접다	折る	111
접시	皿	50
젓가락	箸	97, 109
정부	政府	37
정직하다	正直だ	70
제이	J	71
제트/젯/지	Z	71
조	兆	59
조금	少し	52
조사	調査	10
조용하다	静かだ	70
좀	ちょっと	80
좁다	狭い	51, 75, 98, 111
종이	紙	95
종점	終点	122
좋다	良い、いい	37, 38, 44, 75, 84, 98, 120, 124, 144
좋습니다	いいです	50
좋아하다	好きだ	83, 110
좋지만	良いが	37
주다	あげる	10, 72, 80
주무시다	お休みになる	72
주문하다	注文する	83, 124
주세요	ください	58
주차장	駐車場	34, 139
죽다	死ぬ	72
준비(하다)	準備(する)	37, 89, 93
중	中	64
중국	中国	20, 37
중얼중얼	ぶつぶつ	130
중에	中で	109
중요하다	重要だ	121
쥐	ネズミ	33
즉	すなわち	74
지	G	71
지각하다	遅刻する	117
지갑	財布	140
지금	今	36, 66
지난 달	先月	60
지난 주	先週	60
지내다	過ごす	84, 119
지도	地図	37
지우개	消しゴム	65, 84
지우기, 삭제	削除	119
지정석	指定席	122
지진	地震	55
지하철(역)	地下鉄(駅)	36, 53, 95
직행	直行	122
진눈깨비	みぞれ	55
진리	真理	71
진지	お食事	73
집	家	16, 45, 49, 52, 73, 136
짓다	作る、建てる、ご飯を炊く	94, 136
짜다	塩辛い	14, 81, 145
짧다	短い	118
쪼개다	割る、分ける	14
쭉 가다/똑바로 가다	まっすぐ行く	64
찌개	鍋もの	14
찍다 (사진을)	撮る(写真を)	82, 136
찍다 (도장을)	押す(ハンコを)	136
찜질방	チムジルバン	111

ㅊ

차	車	145
차갑다	冷たい	70
착하다	優しい	70
찬스	チャンス	125
참외	マクワウリ	133
창구	窓口	136
창문	窓	98, 138
찾다	探す	74, 75, 89, 106, 137
찾다(돈을)	おろす(お金を)	87, 92, 104
찾다(사전을)	引く(辞書を)	132
책	本	16, 74, 98, 125
책상	机	33, 98
책장	本棚	98
처녀자리	おとめ座	97
처음(이다)	初めて(だ)	19, 124, 142
천	千	59
천둥	雷	55
천천히	ゆっくり	87, 145
천칭자리	てんびん座	97
첨부파일	添付ファイル	119
첫차	始発	122
청소(하다)	掃除(する)	30, 75, 107, 112
체육관	体育館	31, 54
초	秒	58
최고	最高	13
추가	追加	11
추다(춤을)	踊る(踊りを)	132
축구	サッカー	25
축하	祝い	37
출구	出口	54, 64
춤	踊り	132
춥다	寒い	111, 126, 142, 143, 145
충고를 하다	忠告をする	113
충전하다	チャージする	122
취미	趣味	23, 42

취소	取り消し	119
층	階	59
치다(피아노를)	弾く(ピアノを)	138
치료	治療	11
치르다	支払う	85
치마, 스커트	チマ、スカート	11, 55
치우다	片付ける	136
친구	友達	21, 41, 42, 74, 76, 119, 139
친절하다	親切だ	70, 83
친할머니	祖母(お父さんの母)	77
친할아버지	祖父(お父さんの父)	77
칠	7	58
칠 월	7月	59
칠레	チリ	20
침대	ベッド・寝台	98

ㅋ

카메라	カメラ	45, 95
칼국수	手打ちうどん	138
캐나다	カナダ	20
커튼	カーテン	98
커피	コーヒー	32, 129
컴	コム	71
케이	K	71
켜다(텔레비전을)	つける(テレビなど)	11, 107
코	鼻	56
코끼리	象	11
쾌속	快速	122
퀵서비스	バイク便	41
큐	Q	71
크다(키가)	大きい(背が)	11, 85, 98
크리스마스	クリスマス	126
큰 길	大通り	64
큰아버지	父の兄で結婚している人	77
클래식	クラシック	55
키스데이	キスデー	68

ㅌ

타는 곳	乗り場	122
타다	乗る	11, 106, 122, 137
탁자	テーブル	98
태국	タイ	20
태양열	太陽熱	60
태풍	台風	55
택배편	宅配便	41
택시	タクシー	53
터미널	ターミナル	122
터키	トルコ	20
테니스	テニス	25
텔레비전	テレビ	33, 107, 146
토끼	ウサギ	11, 33
토요일	土曜日	59
통장	通帳	136

투자	投資	11
특급	特急	122
특히	特に	87
티	T	71
티셔츠	Tシャツ	67

ㅍ

파	ねぎ	76
파도	波	11
파랗다	青い	120
파일	ファイル	119
파출소	交番	36
팔	腕	56
팔	8	58
팔 월	8月	59
팔다	売る	39, 86, 137
팔리다	売れる	132
페이지	ページ	58
편도	片道	122
편의점	コンビニ	31, 34, 36, 40
편지	手紙	41, 96, 132, 136, 139
편찮으시다	具合が悪い	72
평화	平和	81
포도	ブドウ	11, 55, 58, 66, 133
포장하다	包装する	86
포토데이	フォトデー	68
폴더	フォルダ	119
표 파는 곳	切符売り場	122
표를 끊다	切符を買う	122
표시	表示	11
푸르다	青い	85
푹	ぐっすり	130
풀다	解く	125, 143
품질	品質	130
프랑스	フランス	20
피	P	71
피곤하다	疲れる	93, 96
피다	咲く	145
피망	ピーマン	70
피씨(PC)방	ネットカフェ	34
피아노	ピアノ	138
피우다(담배)	吸う(たばこ)	105

ㅎ

하	下	64
하고	と	58
하고 있다	している	136
하나	一つ	62
하다	する	28, 96
하루	一日、1日	41, 62
하얗다	白い	120
하이픈	ハイフン	71
하지만	しかし、けれども	74

한국어	日本語	ページ
학교	学校	23, 34, 36, 45, 50, 52, 96, 111, 146
학비	学費	50
학생	学生	31, 50
한 번	一度	138
한국	韓国	30, 76, 106
한국 노래	韓国の歌	101
한국 사람, 한국인	韓国人	23, 28, 29
한국 요리	韓国の料理	109
한국말, 한국어	韓国語	20, 92, 96, 105, 132
한글	ハングル	37
한류	韓流	71
한복	韓国の伝統服	32, 105, 131
한식	韓食	142
한약	漢方薬	105
한턱 내다	おごる、ご馳走する	87
할로인데이	ハロウィンデー	126
할머니	祖母	65
할아버지	祖父	65
할 일	する仕事	60
핥다	なめる	17
합격	合格	143
합류	合流	20
핫라인	ホットライン	20
항공편	航空便	41
해돋이	日の出	28
핸드볼	ハンドボール	25
향수	香水	32, 140
허그데이	ハグデー	68
허둥지둥	あたふた	130
허리	腰	11, 56
허리띠, 벨트	ベルト	140
헝가리	ハンガリー	20
현금자동 입출금기	ATM	66, 137, 138
현금카드	キャッシュカード	137
형	兄	77
형제	兄弟	77
호두	クルミ	133
호랑이,범	虎	33
호박	カボチャ	76
호실	号室	58
호주	オーストラリア	20
호텔	ホテル	34, 36
혹시	もしも	87
혹은	もしくは	74
홍수	洪水	55
화내다	怒る	12
화요일	火曜日	59
화이트데이	ホワイトデー	68
화장실	化粧室、トイレ	33, 36, 42, 106
화장지	ティッシュペーパー	44
화장품	化粧品	139, 140
화장하다	化粧する	107
확인하다	確認する	83
환율	為替レート	61
환전	両替	61
황사	黄砂	55
황소자리	おうし座	97
회	刺身	106
회사	会社	24, 34, 132
회사원	会社員	27, 29, 31, 114
회의	会議	74
회화	会話	96
횡단보도(를 건너다)	横断歩道(を渡る)	64, 125
효도	親孝行	11
후배	後輩	41
훨씬	ずっと	52
휴가	休暇	11, 45
휴일이다	休日だ	96
흐리다, 흐림	曇っている、曇り	55, 126, 136
흘리다	流す	136
희다	白い	13
힘들다	大変だ	39, 113, 145

単語ノート（日→韓）

あ

日本語	韓国語	ページ
R	알/아르	71
I	아이	71
愛	사랑	16
アイスクリーム	아이스크림	67, 130
間	사이	64
あいまいだ	애매하다	70
会う	만나다	43, 46, 72, 88, 93, 123, 137
敢えて	굳이	28
青い	푸르다, 파랗다	85, 120
赤い	빨갛다	120
上がる	오르다	145
明るい	밝다	98
赤ん坊	아기	7
秋	가을	126
開ける	열다	39, 46, 72, 111, 130, 138
あげる	주다	10, 72, 80
朝	아침	41, 51, 116
朝ご飯	아침밥	96
明後日、あさって	모레	40, 60
朝寝坊をする	늦잠을 자다	107, 117
足	발	56
味	맛	145
明日	내일	52, 60, 117, 124, 142, 145
汗	땀	136
汗が出る	땀이 나다	87
あそこを	저기를(저길)	63
遊ぶ	놀다	38, 39, 45, 81, 84, 105, 121
温かい、暖かい	따뜻하다	98, 125, 126
あたふた	허둥지둥	130
頭	머리	56, 121
あちら	저쪽	64
暑い(です)	덥다(더워요)	74, 111, 126
アットマーク	앳마크, 골뱅이	71
宛先	수신인 주소	41
宛名	수신인명	41
当てる	맞히다	37
あなたたち、きみたち	너희들	22
兄	오빠, 형	77
姉	언니, 누나	77
あの	저	58, 63
あの方(々)	저분(들)	22
甘い	달다	81, 93
あまり	별로	87
雨	비	42, 126
アメリカ	미국	20
洗う	씻다	86, 94, 106
アリ	개미	12
有難い	고맙다	111
ある・いる	있다	36, 39, 50, 72, 85, 111, 144
歩く	걷다	102, 103
アルゼンチン	아르헨티나	20
アルバイト(バイト)をする	아르바이트(알바)를 하다	107
あれ	저것(저거)	63
あれが	저것이(제게)	63
あれは	저것은(저건)	63
あれを	저것을(저걸)	63
暗証番号	비밀 번호	137
アンズ	살구	37
案内所	안내소	122

い

日本語	韓国語	ページ
E	이	71
いい	좋다	37, 38, 44, 75, 84, 88, 98, 120
いいえ	아뇨	27
言い換えれば	다시 말해	74
いいです	좋습니다	50
言う	말하다	72
家	집	16, 45, 49, 52, 73, 136
イギリス	영국	20
行く	가다	36, 39, 43, 51, 92, 96, 111, 118, 121, 123, 128, 131, 143, 146
行くところ	갈 곳	106
いくら(だ)	얼마(이다)	58, 65, 80
医者	의사	13, 114
石焼きのご飯	돌솥밥	50
石焼きビビンバ	돌솥비빔밥	90
意地悪い	심술궂다	70
椅子	의자	33, 74, 98, 121
忙しい	바쁘다	38, 39, 44, 124
急ぐ	서두르다	85
痛い	아프다	8, 72, 76, 85, 121, 145
イタリア	이탈리아	20
1	일	58
1月	일 월	59
イチゴ	딸기	66, 133
一度	한 번	138
1日	하루	41, 62
一年	일 년	71
一番	가장	52, 87
いつ	언제	52, 64, 142
一緒に	같이, 함께	28, 87, 101, 125
行った	갔다	16
五つ	다섯	62
いつも	늘, 언제나, 항상	87
いて座	사수자리	97
いない	없다	72
田舎	시골	30

稲妻	번개	55
犬	개	33, 66
(いのしし)豚・ブタ	(멧)돼지	33
イベント	이벤트	139
今	지금	36, 66
今すぐ	금방	145
妹	여동생	77
嫌だ	싫다	17
いらっしゃらない	안 계시다	72
いらっしゃる	계시다	70, 72
入り口	입구	50, 54, 64
いる	있다	72
入れて	넣고	37
入れる	넣다	89, 120, 138
祝い	축하	37
印刷	인쇄	119
飲酒	음주	37
インターネット	인터넷	95
仁川空港	인천 공항	142
インド	인도	20
インドネシア	인도네시아	20
インフルエンザ	독감	95

う

上	위	64
ウエーター	웨이터	13
飢える	굶다	17
うお座	물고기자리	97
ウォン	원	59, 80
受かる(試験に)	붙다(시험에)	16, 132
受取人	수신인, 수취인	41
受け取る、もらう	받다	103, 129, 132
ウサギ・兎	토끼	11, 33
牛	소	33
後、裏	뒤	64
歌う(歌を)	부르다(노래를)	85, 101
宇宙	우주	8
美しい	곱다	110
腕	팔	56
腕時計	손목시계	67
うどん	우동	55
奪う	빼앗다	94
馬	말	33
海	바다	10, 32, 37, 52
産む	낳다	120
ウメ	매실	133
売る	팔다	39, 86, 137
嬉しい	기쁘다	85, 98
売れる	팔리다	132
運転(する)	운전(하다)	132

え

絵	그림	106, 132
映画	영화	106, 132
映画館	영화관	106
英語	영어	28
詠ずる、吟ずる	읊다	16, 17
H	에이치	71
営利	영리	20
A	에이	71
ATM	현금자동입출금기	66, 137, 138
描く(絵を)	그리다(그림을)	106, 132
駅	역	16, 122
エジプト	이집트	20
S	에스	71
エチオピア	에디오피아	20
X	엑스	71
N	엔	71
エビ	새우	12
F	애프	71
M	엠	71
L	엘	71
円	엔	58
鉛筆	연필	65, 74, 85, 97

お

美味しい	맛있다	40, 142
美味しくない	맛없다	40, 128, 130
お伺いする	여쭈다	72
おうし座	황소자리	97
横断歩道(を渡る)	횡단보도(를 건너다)	64, 125
往復	왕복	122
終える	끝내다	145
O	오	71
多い	많다	16, 17, 38, 98
大きい(背が)	크다(키가)	11, 85, 98
オーストラリア	호주	20
大通り	큰 길	64
大雪	대설	55
大らかだ	대범하다	70
お母様	어머님	73
お母さん	어머니	7, 76, 77
お金	돈	16, 92, 104, 131
お金をおろす	돈을 찾다	87, 138
お金を出す	돈을 내다	61
岡山駅	오카야마역	30
起きる	일어나다	118, 146
億	억	59
置く	놓다	16, 120
送る	보내다	145
遅れる	늦다	98, 131
お言葉、おっしゃること	말씀	73
怒る	화내다	12
おごる、ご馳走する	한턱 내다	87
お酒	약주	73
教える	가르치다	75
おじさん	아저씨	14
お食事	진지	73

おしり	엉덩이	56
押す(ハンコを)	찍다(도장을)	136
お膳	밥상	50
遅い	늦다	98, 131
お宅	댁	73
お誕生日	생신	73
おっしゃる	말씀하시다	72
お釣り	거스름돈, 잔돈	61
お父様	아버님	73
お父さん	아버지	7, 74, 77
弟	남동생	77
お歳	연세	73
一昨日	그저께	40, 60
おとなしい	얌전하다	70
おとめ座	처녀자리	97
踊り	춤	132
踊る(踊りを)	추다(춤을)	132
お腹	배	56, 76
お腹が空く	배가 고프다	87, 113
お亡くなりになる	돌아가시다	72
お名前	성함	73
おひつじ座	양자리	97
お弁当を作る	도시락을 싸다	87
覚える	외우다	105, 138
おまえ、きみ	너	22
お目にかかる	뵙다	72, 142
重い	무겁다	98, 113, 145
思う	생각하다	83, 92
面白い	재미있다	40, 74, 92, 96, 118, 132
面白くない	재미없다	40
親孝行	효도	11
お休みになる	주무시다	72
折る	접다	111
おろす(お金を)	찾다(돈을)	87, 92, 104
終わる	끝나다	117
音楽	음악	111, 132, 138
音楽鑑賞	음악 감상	25
音響	음향	81

か

課	과	58
カーテン	커튼	98
ガールフレンド	여자친구	41
階	층	59
会議	회의	74
改札口	개찰구	122
会社	회사	24, 34, 132
会社員	회사원	27, 29, 31, 114
快速	쾌속	122
会話	회화	96
買う	사다	43, 46, 84, 88, 89, 123
返す	갚다	92
顔	얼굴	37, 56
顔を洗う	세수(를) 하다	75, 107, 146

かかる(お金が)	들다(돈이)	124
カキ	감	133
書留	등기우편	41
書く	쓰다	14, 46, 81, 85, 132, 138
家具	가구	37
各自	각자	50
学生	학생	3, 50
確認する	확인하다	83
学費	학비	50
掛け算	곱하기	65
掛け布団	이불	98
かける(メガネを)	쓰다(안경을)	101
傘	우산	30, 140
菓子	과자	12, 67
歌手	가수	31, 114
風	바람	55
風邪(を引く)	감기(에 걸리다)	37, 87
家族	가족	41
肩	어깨	145
方	분	70, 73
片付ける	치우다	136
片道	편도	122
学校	학교	23, 34, 36, 45, 50, 52, 96, 111, 146
悲しい	슬프다	98
カナダ	캐나다	20
必ず、きっと	꼭, 반드시	87, 143
かに座	게자리	97
金持ち	부자	10
彼女	그녀	22
彼女ら	그녀들	22
カバン	가방	75, 140, 145
かぶる(帽子を)	쓰다(모자를)	101
花粉症	꽃가루알레르기	55
カボチャ	호박	76
紙	종이	95
雷	천둥	55
髪を洗う	머리를 감다	107
カメラ	카메라	45, 95
カモ	오리	7
通う	다니다	111, 129
火曜日	화요일	59
から	에서, 부터	49
辛い	맵다	54, 81, 111, 145
カラオケ	노래방	34, 101
ガラス	유리	8
体	몸	56
借りる	빌리다	92, 96, 104
軽い	가볍다	98
カルビ	갈비	37
彼	그	22
彼ら	그들	22
川	강	16
渇く(のどが)	마르다(목이)	125

為替レート	환율	61
考える	생각하다	83
韓国	한국	30, 76, 106
韓国語	한국어, 한국말	20, 92, 96, 105, 132
韓国人	한국인, 한국 사람	23, 28, 29
韓国の歌	한국 노래	101
韓国の伝統服・韓服	한복	32, 105, 131
韓国の料理	한국 요리	109
看護師	간호사	114
元日	설날	71
韓食	한식	142
感動	감동	37
漢方薬	한약	105
韓流	한류	71

き

黄色	노랗다	120
着替える(服を)	갈아입다(옷을)	107
聞く	듣다	43, 46, 50, 88, 103, 111, 124, 132, 138
生地	옷감	50
キス	뽀뽀	14
キスデー	키스데이	68
基礎	기초	54
北側	북쪽	64
気づく	깨닫다	102
切手	우표	8, 10, 41, 45
キツネ	여우	7
切符売り場	표 파는 곳	122
切符を買う	표를 끊다	122
軌道	궤도	13
気に入る	마음에 들다	87, 137
昨日	어제	12, 40, 60, 117
キノコ	버섯	76
卑怯だ	비겁하다	70
寄付	기부	37
気まぐれだ	변덕스럽다	70
義務	의무	13
キムチ	김치	16, 40, 105, 111, 131, 145
キムチチゲ	김치찌개	90
着物	기모노	32
脚	다리	56
キャッシュカード	현금 카드	137
Q	큐	71
9	구	58
休暇	휴가	11, 45
急行	급행	122
休日だ	휴일이다	96
九十	아흔	62
牛肉	쇠고기	13
牛乳	우유	8
キュウリ	오이	7
今日	오늘	23, 40, 42, 52, 60, 76, 117

兄弟	형제	77
去年	작년	60
漁夫, 漁師	어부	7
嫌いだ	싫어하다	110
霧	안개	55
切り取り	잘라내기	119
切る	자르다	85
着る	입다	46, 51, 101, 102, 105, 111, 131
きれいだ	예쁘다	44, 85, 88, 124
綺麗だ	깨끗하다	70, 83
気を使う	신경을 쓰다	87, 136
銀行	은행	32, 34, 42
金曜日	금요일	52, 59

く

具合が悪い	편찮으시다	72
空港	공항	34, 52
9月	구 월	59
ぐずぐず	꾸물꾸물	130
くずす	잔돈으로 바꾸다	61
薬	약	94, 121
ください	주세요	58
口	입	16, 56
靴	구두	37, 45, 101, 139
靴下	양말	125
ぐっすり	푹	130
国	나라	9
首	목	56, 76, 125
クモ	거미	9
雲	구름	55
曇っている	흐리다	126, 136
曇る	흐림	55
暗い	어둡다	75, 98
クラシック	클래식	55
栗	밤	16, 131
クリーニング店	세탁소	32, 36
グリーンデー	그린데이	68
クリスマス	크리스마스	126
来る	오다	38, 75, 86, 89
くるくる	데굴데굴	130
車	차	145
クルミ	호두	133
クレジットカードで支払う	신용카드로 결제하다	61
黒い	까맣다	120
軍人	군인	114

け

下	하	64
経営学	경영학	27, 141
計画	계획	76, 136
警察官	경찰관	114
計算する	계산하다	61
軽自動車	경승용차	53

日本語	韓国語	ページ
K	케이	71
外科	외과	13
消しゴム	지우개	65, 84
化粧室、トイレ	화장실	33, 42, 106
化粧する	화장하다	107
化粧品	화장품	139, 140
消す	끄다	14
削る	깎다	16
けち	구두쇠	131
結婚する	결혼하다	83
月曜日	월요일	52, 59
元気だ	건강하다	51
研究室	연구실	70
健康	건강	121
見物する	구경하다	137

こ

日本語	韓国語	ページ
個	개	62
5	오	58
子犬	강아지	28
合格	합격	143
公共料金	공과금	136
航空便	항공편	41
黄砂	황사	55
交差点	사거리	64
口座番号	계좌 번호	136
号室	호실	58
香水	향수	32, 140
洪水	홍수	55
こうだ	이렇다	120
交通	교통	122
交通カード	교통카드	122
	(icocaとsuicaのようなもの)	
後輩	후배	41
香ばしい	고소하다	81
交番	파출소	36
公務員	공무원	114
交流	합류	20
氷る	얼다	145
コーヒー	커피	32, 129
コップの数	잔	62
5月	오 월	59
故郷	고향	74
告白する	고백하다	83
国力	국력	20
ここ	여기	7, 21, 30, 52
午後	오후	41
九つ	아홉	62
ここを	여기를(여길)	63
誤差	오차	7
腰	허리	11, 56
五十	쉰	62
午前	오전	41, 95
こちら	이쪽	64
国家	국가	50
小遣い	용돈	32
小包	소포	41
今年	올해	60, 81, 145
言葉	말	73
この	이	58, 63
この間	요사이	8
この方	이분	22
この方々	이분들	22
ご飯	밥	16, 30, 52, 73, 90, 117
ご飯を炊く	밥하다	37
コピー	복사	119
ご病気	병환	73
ゴマの葉	깻잎	76
ゴミ	쓰레기	138
ゴミ袋	쓰레기봉투	138
コム	컴	71
米	쌀	97
ご両親	부모님	73
ゴルフ	골프	25
これ	이것(이거)	63
これが	이것이(이게)	63
これは	이것은(이건)	63
これを	이것을(이걸)	63
今月	이 달, 이번 달	60, 76
今週	이번 주	60
コンビニ	편의점	31, 34, 36, 40
昆布	다시마	9

さ

日本語	韓国語	ページ
歳	살	62
最後	마지막	125
最高	최고	13
財布	지갑	140
探す	찾다	74, 75, 89, 106, 137
咲く	피다	145
削除	지우기, 삭제	119
桜	벚꽃	145
サクランボ	앵두	133
ザクロ	석류	133
酒	술	73, 131
差し上げる	드리다	72
差出人	발신인	41
刺身	회	106
さそり座	전갈자리	97
冊	권	62
雑貨	잡화	139
サッカー	축구	25
さっき	아까	14, 87
雑誌	잡지	31, 50
殺到	쇄도	13
サツマイモ	고구마	9, 76
寒い	춥다	111, 126, 142, 143, 145
サムギョプサル	삼겹살	109

日本語	韓国語	ページ
サムゲタン	삼계탕	90, 110, 112
皿	접시	50
皿洗いをする	설거지를 하다	107
猿	원숭이	33
騒がしい	시끄럽다	70
3	삼	58
さん	씨	19
3月	삼 월	59
サングラス	선글라스	140
三十	서른	62
残高	잔액/잔고	137
散歩(する)	산책(하다)	25, 75

し

日本語	韓国語	ページ
4	사	58
時	시	62
しあさって	글피	60
C	시/씨	71
G	지	71
J	제이	71
塩辛い	짜다	14, 81, 145
しかし、けれども、だが、でも	그렇지만, 하지만, 그러나	37, 74
4月	사 월	59
時間	시간	42, 62, 131
試験	시험	42, 44, 111, 132
試験に受かる	시험에 붙다	86
試験に落ちる	시험에 떨어지다	87
試験の勉強	시험 공부	117
事故	사고	10, 121
時刻表	시각표	122
しし座	사자자리	97
辞書	사전	132
市場	시장	45
地震	지진	55
静かだ	조용하다	70
下、底	아래, 밑	64
従う	따르다	85
下着	란제리, 속옷	139
7月	칠 월	59
知っている	알고 있다	128
知っている振りをしないでください	아는 척 하지 마세요	132
室内	실내	71
尻尾	꼬리	14
指定席	지정석	122
している	하고 있다	136
自転車	자전거	29, 33, 49, 53, 55
児童	아동	139
自動車	자동차	55
自動引き落とし	자동 이체	136
市内	시내	52
死ぬ	죽다	72
始発	첫차	122
支払う	치르다	85
しばらく	잠깐	87
しぶい	떫다	81
姉妹	자매	77
地味だ	수수하다	70
閉める	닫다	89, 103
締める(ネクタイを)	매다(넥타이를)	136
霜	서리	55
写真	사진	136
シャドー(アイ)	섀도	12
シャワー(を浴びる)	샤워(를 하다)	13, 107
10	십	58
11月	십일 월	59
10月	시 월	59
自由席	자유석	122
終点	종점	122
終電	막차	122
柔道	유도	8
12月	십이 월	59
重要だ	중요하다	121
授業(を受ける)	수업(을 받다)	21, 36, 146
宿題(をする)	숙제(를 하다)	44, 50, 76, 145, 146
宿泊	숙박	50
10分	십 분	50
首都	수도	76
趣味	취미	23, 42
春菊	쑥갓	76
準備(する)	준비(하다)	37, 89, 93
上	상	64
商業	상업	28
正直だ	정직하다	70
乗車券	승차권, 차표	122
上手だ	잘하다	74, 96
消防士	소방관	114
乗用車	승용차	53
食事(する)	식사(하다)	109, 118
食堂	식당	34, 50
食品	식품	139
食欲	입맛	20
女子	여자	7, 22, 81
女性カジュアル	여성캐주얼	139
女性スーツ	여성정장	139
ショッピング	쇼핑	25
書店	서점	34, 36
書類	서류	10
知らせる	알리다	89
知らない、分からない	모르다	85, 89, 113, 132
知る、わかる	알다	39, 46, 80, 82, 118, 142
知るの名詞形	앎	17
シルバーデー	실버데이	68
白い	하얗다	120
新幹線	신칸센	97
人口	인구	138

日本語	韓国語	ページ
信号機	신호등	64
信じる	믿다	16, 103, 113, 138
親切だ	친절하다	70, 83
新聞	신문	30, 31, 111, 129
真理	진리	71

す

水泳	수영	25
スイカ	수박	133
スイス	스위스	20
水曜日	수요일	59
吸う(たばこ)	피우다 (담배)	105
ずうずうしい	뻔뻔하다	70
スーパーマーケット	슈퍼마켓	31, 34
末っ子	막내	77
スカート	치마, 스커트	11, 54
スカーフ	스카프	140
スキー	스키	25
ずきずき	욱신욱신	130
好きだ	좋아하다	83, 109, 110
少ない	적다	82, 98, 124
すごく	굉장히	87
少し	조금	52
過ごす	지내다	84, 119
涼しい	시원하다, 서늘하다	126
ずつ	씩	66
頭痛薬	두통약	60
ずっと	훨씬	52
酸っぱい	시다	81
すでに、もう	벌써	87, 143
捨てる	버리다	46
すなわち	즉	74
スプーン	숟가락	50, 109
スペイン	스페인	21
すべすべ	매끈매끈	130
すべて	다, 모두	87
スポーツ	스포츠	139
スポーツ選手	운동 선수(스포츠선수)	113
ズボン	바지	37, 55
スマートフォン、スマホ	스마트폰	23, 45, 140
住む	살다	39, 43, 46, 75, 88, 104, 123, 129, 143
すらすら	술술	130
スラッシュ	슬래시	71
する	하다	28, 96
ずるい	간사하다	70
する仕事	할 일	60
座る	앉다	16, 72, 82, 93, 113, 121, 130, 131

せ

生活用品	생활용품	139
税金	세금	137
誠実だ	성실하다	70
政府	정부	37
税理士	세무사	114
セーター	스웨터	13
石けん	비누	10
Z	제트/젯/지	71
節約する	절약하다	124
狭い	좁다	51, 75, 98, 111
千	천	59
先月	지난 달	60
専攻	전공	27
先週	지난 주	60
先生(だ)	선생님(이다)	23, 30, 41, 70, 72, 74, 114, 125
全然	전혀	52, 87
洗濯機	세탁기	107
洗濯(を)する	빨래(를) 하다	75, 107, 136
先輩	선배	41
全部	전부	58

そ

象	코끼리	11
そうかといって	그렇다고 해서	74
送金	송금	130
掃除(する)	청소(하다)	30, 75, 107, 112
そうだ	그렇다	120
送達	속달	41
挿入	삽입	119
ソウル(駅)	서울(역)	17, 52, 60
そこ	거기	52
そこを	거기를(거길)	63
そして	그리고, 그래서	74, 117
注ぐ、はれる	붓다	94
率直だ	솔직하다	70
外	밖	64, 145
その	그	57, 63
その上	게다가	74
その方	그분	22
その方々	그분들	22
その子	걔	12
その仕事	그 일	145
そば	국수	109
祖父	할아버지	65
祖父(お母さんの父)	외할아버지	77
祖父(お父さんの父)	친할아버지	77
祖母	할머니	65
祖母(お母さんの母)	외할머니	77
祖母(お父さんの父)	친할머니	77
それ	그것(그거)	63
それが	그것이(그게)	63
それで、だから	그래서	74
それでは、それなら	그럼	74
それでも	그래도	74
それなら	그러면	74
それは	그것은(그건)	63

それゆえ	그러므로	74
それを	그것을(그걸)	64
そろそろ	슬슬	130
そわそわ	안절부절	130

た

だ、である	이다	39, 119, 144
ターミナル	터미널	122
タイ	태국	20
台	대	62
ダイアリーデー	다이어리데이	68
体育館	체육관	31, 54
大学	대학교	24, 30, 143
大学生	대학생	19, 21, 23, 24, 27, 119
大韓民国	대한민국	20
大根	무	76
大体	대체로	87
台所	부엌	16
台風	태풍	55
大変だ	힘들다	39, 113, 145
太陽熱	태양열	60
高い(高さ)	높다	38, 82, 98
高い(値段が)	비싸다(값이)	51, 80, 98, 128
だから、つまり	그러니까	74
タクシー	택시	53
宅配便	택배편	41
竹	대나무	9
足し算	더하기, 덧셈	50, 65
出す	내다	92, 140
出す(手紙を)	부치다(편지를)	136, 139
尋ねてみる	물어보다	132
尋ねる、聞く	묻다	46, 72, 103, 113
たたむ(洗濯物を)	개다(빨래를)	107
立場	입장	50
立つ	서다	84, 119
立てる	세우다	86, 136
建てる(家を)	짓다(집을)	94, 136
タヌキ	너구리	9
タバコ	담배	105
たびたび	자주	52
W	더블유	71
食べ物	음식	110
食べる	먹다	38, 50, 72, 84, 105, 109, 121, 128, 142
魂	넋	16, 17
たまに	가끔	87
玉ねぎ	양파	76
貯める	모으다	92
誰	누구	30, 65
単語	단어	138
誕生日	생일	21, 42, 65, 73
男性(用)	남성(용)	139

ち

小さい	작다	98
近い	가깝다	98
近く	근처	64
地下鉄	지하철	53, 95
地下鉄駅	지하철역	36
遅刻する	지각하다	117
地図	지도	37
父	아버지, 아빠	73, 74, 77
父の兄で結婚している人	큰아버지	77
父の弟で結婚している人	작은아버지	77
父の姉妹	고모	77
父の未婚の兄・弟	삼촌	77
チヂミ	부침개, 지짐이	136
チマ	치마	11
チムジルバン	찜질방	111
チャージする	충전하다	122
着(服)	벌(옷)	62
チャンス	찬스	125
中国	중국	20, 37
忠告をする	충고를 하다	113
駐車場	주차장	34, 139
昼食	점심밥	146
注文する	시키다, 주문하다	83, 125, 138
兆	조	59
蝶	나비	37
貯金	저금	137
調査	조사	10
朝食	아침밥	146
貯水池	저수지	10
直行	직행	122
ちょっと	좀	80
チリ	칠레	20
治療	치료	11
賃金	삯	17

つ

追加	추가	11
通帳	통장	136
使う	사용하다	109
使う(お金を)	쓰다(돈을)	92
つかむ	잡다	125
疲れる	피곤하다	93, 96
月	월	58
つく(目に)	띄다 (눈에)	84, 120
机	책상	33, 98
作ってみる	만들어 보다	136
作る	만들다	39, 89, 96, 102, 104, 105, 111
作る、建てる、ご飯を炊く	짓다	94, 136
つける(テレビなど)	켜다	11, 107
つぶす	으깨다	8
積立金	적금	137
冷たい	차갑다	70
梅雨	장마	126

単語ノート(日→韓)

| 強い | 강하다 | 98 |

て

手	손	56, 106
で(場所)	에서	27
T	티	71
D	디	71
Tシャツ	티셔츠	67
ティッシュペーパー	화장지	44
手打ちうどん	칼국수	138
テーブル	탁자	98
出かける	나가다	106
手紙	편지	41, 96, 132, 136, 139
出口	출구	54, 64
デザイン	디자인	75
です	입니다	19, 27
手数料	수수료	10, 137
手伝う	도와주다	89, 106, 113, 136
テニス	테니스	25
デパート、百貨店	백화점	32, 36
ではない	아니다	7, 39, 119, 144
手袋	장갑	140
出る(電話に)	받다(전화를)	136
テレビ	텔레비전	33, 107, 146
天候、天気	날씨	55, 136
電車	전철	125
電灯	전등	98
てんびん座	천칭자리	97
添付ファイル	첨부파일	119
電話	전화	136
電話番号	전화번호	58, 66

と

と	하고	58
度、回	번	62
ドア	문	98, 111
ドイツ	독일	20
トイレ	화장실	33, 36, 42, 106
東京	도쿄	21, 52
道具	도구	9
投資	투자	11
到着する	도착하다	143
豆腐(チゲ)	두부(찌개)	37, 90
十	열	62
遠い	멀다	39, 49, 88, 98, 118, 121
時	때	112
どきどき	두근두근	130
度胸	담력	20
解く	풀다	125, 143
読者	독자	50
読書	독서	25
特に	특히	87
時計	시계	29
どこ	어디	7, 10, 32, 36, 54
ところで	그런데	74, 109
どこを	어디를 (어딜)	63
登山	등산	25
歳	나이	73
図書館	도서관	30, 31, 54
閉じる	닫기	119
特急	특급	122
突然、急に	갑자기	87
ドット	닷, 점	71
トッポギ	떡볶이	90
とても	매우, 너무	52
届く	닿다	120
隣の部屋	옆방	50
どの	어느	58, 63
どの国	어느 나라	31
どのように	어떻게	92
止める	세우다	86
友達	친구	22, 41, 42, 73, 75, 117, 137
土曜日	토요일	59
虎	호랑이, 범	33
ドライブ	드라이브	25
ドラマ	드라마	33, 132
取り消し	취소	119
努力する	노력하다	83
取る	따다	14
撮る(写真を)	찍다(사진을)	82, 136
トルコ	터키	20
どれ	어느 것(어느 거)	63
どれが	어느 것이(어느 게)	63
どれは	어느 것은(어느 건)	63
どれを	어느 것을(어느 걸)	63
鈍行	완행	122
どんな	어떤	110

な

ない、いない	없다	16, 17, 36, 39, 72, 85, 144
治る	낫다	94
中、内側	중, 안, 속	64
長い	길다	82
流す	흘리다	136
中で	중에	109
なくす、失う	잃다	17
ナシ	배	55, 58, 133
ナス	가지	9
なぜ	왜	13, 64
なぜなら	왜냐하면	74
夏	여름	32, 126
夏休み	여름 방학	40
7	칠	58
七十	일흔	62
七つ	일곱	62
何	무엇/뭐	13, 27, 117

日本語	韓国語	ページ
何を	뭘	109
鍋もの	찌개	14
名前	이름	23, 30, 42, 73
名前を付けて保存	다른 이름으로 저장	119
波	파도	11
なめる	핥다	17
悩む	고민하다	83
なる	되다	84, 120
南大門市場	남대문시장	36

に

2	이	58
に	에	36
苦い	쓰다	81
2月	이 월	59
肉	고기	37
虹	무지개	55
西側	서쪽	64
二十	스물	62
日	일	58
日曜日	일요일	59
日本	일본	20, 131
日本語	일본어	28, 105
日本人	일본 사람, 일본인	96
入金	입금	136
入国	입국	50
ニラ	부추	76
煮る	삶다	17
にわか雨、夕立	소나기	55
鶏	닭	16, 17, 33
ニンジン	당근	76, 112
ニンニク	마늘	76
人前	인분	59

ぬ

脱ぐ	벗다	94, 101

ね

根	뿌리	14
ねぎ	파	76
値切る	깎다	86
ネクタイ	넥타이	136, 140
猫	고양이	66
ネズミ	쥐	33
値段	값	16, 17, 130
熱が出る	열이 나다	74
熱心	열심히	87
ネットカフェ	PC방	34
眠る	잠들다	107
寝る	자다	72, 75, 84, 96, 130, 146
年	년	58
年賀状	연하장	41, 145

の

の	의	70
ノートパソコン	노트북	98
逃す	놓치다	122
載せる	얹다, 싣다	17, 103
のど	목	55, 76, 125
飲む	마시다	43, 54, 72, 84, 104, 120
乗り換える	갈아타다	125
乗り換え口	갈아 타는 곳	122
乗り場	타는 곳	122
海苔巻き	김밥	90
乗る	타다	11, 106, 122, 137

は

歯	이	107
は	는/은	19
はい	네	19
バイク便	퀵서비스	41
ハイフン	하이픈	71
俳優	배우	31, 114
はがき	엽서	41
履き物	신발, 구두	140
履く(靴下を)	신다(양말을)	125
履く(靴を)	신다(구두를)	101
白菜	배추	12, 76, 95, 97
ハグデー	허그데이	68
博物館	박물관	45
ハサミ	가위	13
箸	젓가락	97, 109
初めて(だ)	처음(이다)	19, 124, 142
走る	뛰다, 달리다	14, 84, 120
バス	버스	49, 53
恥ずかしい	부끄럽다	70
バス停	버스정류장	34
パスポート、旅券	여권	32
働く、仕事する	일하다	93, 118, 137
8	팔	58
8月	팔 월	59
八十	여든	62
花	꽃	16, 98
鼻	코	56
話	이야기, 얘기	8, 12
話す	이야기하다, 말하다	72, 86, 102, 105, 113
花束	꽃다발	67
バナナ	바나나	133
花火	불꽃놀이	126
花冷え	꽃샘추위	55
花びら	꽃잎	59
花屋	꽃집	36
母	어머니, 엄마	73, 77
母の兄弟	외삼촌	77

日本語	韓国語	ページ
母の姉妹	이모	77
はめる(手袋を)	끼다 (장갑을)	101
早い	일찍	87
速い	빠르다	14, 49, 85, 98
早い、至る	이르다	8
速く	빨리	87
腹	배	56
バラード	발라드	55
払う	내다	140
針仕事をする	바느질을 하다	107
貼り付け	붙여넣기	119
春	봄	16, 126
貼る	붙이다	28
晴れ	맑음	55
晴れる	맑다	124, 126, 142
バレンタインデー	발렌타인데이	68
ハロウィンデー	할로인데이	126
歯を磨く	이를 닦다	76
パン	빵	16
ハンカチ	손수건	44, 140
ハンガリー	헝가리	20
ハングル	한글	37
ハンコ	도장	136
番号	번호	81
番号札	번호표	81, 136
番地	번지	58
ハンドボール	핸드볼	25
パン屋	빵집	36

ひ

日本語	韓国語	ページ
ピアノ	피아노	138
B	비	71
P	피	71
ピーマン	피망	76
東側	동쪽	64
匹	마리	62
引き算	빼기	65
卑怯だ	비겁하다	70
引く(辞書を)	찾다 (사전을)	132
引く(線を)	굿다 (선을)	94
弾く(ピアノを)	치다 (피아노를)	138
低い	낮다	82, 98
ひげをそる	면도하다	107
飛行機	비행기	52, 53, 106
膝	무릎	56
秘書	비서	114
美女	미녀	10
左	왼쪽	64
引っ越し	이사	106
羊	양	33
日照り	가뭄	55
人	사람	62, 73
ひどく	몹시	52
一筋	외곬	17

日本語	韓国語	ページ
一つ	하나	62
一人息子	외동아들	77
一人娘	외동딸	77
日の出	해돋이	28
百	백	59, 62
百貨店、デパート	백화점	36
費用	비용	124
秒	초	58
病院	병원	32, 34, 36
病気	병	73
表示	표시	11
美容師	미용사	114
開く	열기	119
昼	점심, 낮	41, 117
昼寝	낮잠	50
広い	넓다	17, 70, 93, 98, 118
瓶、本	병	62
品質	품질	130

ふ

日本語	韓国語	ページ
ファイル	파일	119
V	브이	71
増える	늘다	138
フォトデー	포토데이	68
フォルダ	폴더	119
フォント	글꼴	119
不機嫌だ	언짢다	17
服	옷	16, 80, 107
豚	돼지	13, 37
ふたご座	쌍둥이자리	97
再び	다시	87
二つ	둘	62
物価	물가	145
ぶつぶつ	중얼중얼	130
プデチゲ	부대찌개	90
ブドウ	포도	11, 55, 58, 66, 133
船	배	52, 53
不便だ	불편하다	145
踏む	밟다	17
冬(だ)	겨울(이다)	94
冬休み	겨울 방학	140
ブラジル	브라질	20
ブラックデー	블랙데이	68
フランス	프랑스	20
ブランド	명품	139
(口座)振り込み	(계좌) 이체	136
降る	내리다	126
プルゴギ	불고기	30, 90, 110, 112
プレゼント	선물	21, 45, 113
ブローチ	브로치	139
風呂に入る	목욕을 하다	146
分	분	58
文章	문장	105
文法	문법	54, 96

へ

平和	평화	81
ページ	페이지	58
ベッド・寝台	침대	98
別々に	따로따로	14
ベトナム	베트남	20
蛇	뱀	33
部屋	방	16, 75, 136
ベルギー	벨기에	20
ベルト	허리띠, 벨트	140
勉強	공부	37, 42, 109, 132
勉強する	공부하다	44, 51, 86, 89, 92, 118, 124, 132, 146
弁護士	변호사	114
返事・返信する	답장하다	41

ほ

帽子	모자	10, 37, 140
包装する	포장하다	86
ほうれん草	시금치	76
ボーイフレンド	남자친구	41
ボールペン	볼펜	95
朗らかだ	명랑하다	70
簿記	부기	37
干す(洗濯物を)	널다(빨래를)	107
ぼそぼそ	소곤소곤	130
保存	보존	119
ホットライン	핫라인	20
ホテル	호텔	34, 36
歩道橋	육교	64
ほとんど	거의	52, 87
ホワイトデー	화이트데이	68
本	책	16, 74, 98, 125
本棚	책장	98

ま

マート	마트	40, 139
枚	장	62
前, 手前	앞	16, 64
前売り	예매	12
枕	베개	12, 98
マクワウリ	참외	133
まさか	설마	87
また	또	74
まだ	아직	87
待合室	대합실	122
待つ	기다리다	43, 86, 88, 89, 123, 125, 139
マッコリ	막걸리	97, 105
まっすぐ行く	쭉 가다, 똑바로 가다	64
まっすぐに	똑바로, 곧바로	87
まったく	전혀	52, 87
まで	까지	49
窓	창문	98, 138

窓口	창구	136
学ぶ・習う	배우다	38, 46, 54, 84, 93, 96, 106, 120, 129, 137
眉毛	눈썹	56
まわす(洗濯機を)	돌리다(세탁기를)	107
万	만	59
真ん中	가운데	64

み

見える	보이다	86, 145
磨く(歯を)	닦다(이를)	107
ミカン	귤	133
右	오른쪽	64
短い	짧다	118
水	물	125
みずがめ座	물병자리	97
店	가게	12, 36, 45, 128
見せる	보이다	86, 145
みぞれ	진눈깨비	55
道	길	106, 132, 145
三つ	셋	62
南側	남쪽	64
耳	귀	56
見る	보다	43, 72, 84, 88, 106, 120, 123
見る(夢を)	꾸다(꿈을)	107, 136

む

ムービーデー	무비데이	68
向かい側	맞은편	64
迎えに行く	마중 나가다	140
むかむか	메슥메슥	130
無口だ	과묵하다	70
婿	사위	13
虫	벌레	112
無視	무시	10
虫眼鏡	돋보기	50
難しい	어렵다	92, 94, 96, 98, 111, 136, 143
結ぶ、繋ぐ、続ける	잇다	94
六つ	여섯	62
胸	가슴	56
むりやり	억지로	87

め

目	눈	56
メール	메일	96
メガネ	안경	101, 140
メキシコ	멕시코	20
めきめき	무럭무럭	130
召し上がる	잡수시다/드시다	72
メモする	메모하다	121
メロン	메론	133
免税店	면세점	36

| メンドリ | 암탉 | 17 |

も

も	도	27
もう	벌써	87, 143
毛布	담요	60
もぐもぐ	우물우물	130
木曜日	목요일	40, 59
もしくは	혹은	74
文字化け	글자깨짐	119
もしも	혹시	87
餅	떡	52
餅スープ	떡국	90
もっと	더	49, 52, 124
最も	가장	52, 87
モモ	복숭아	133
もらう・受け取る	받다	38, 113
問題	문제	125, 143

や

やぎ座	염소자리	97
野球	야구	7, 10, 25
夜勤(夜の仕事)	밤일	60
薬剤師	약사	114
約束(する)	약속(하다)	112, 132
野菜	야채	7, 30
易しい	쉽다	50, 98
優しい	착하다	70
養う	기르다	84
野獣	야수	7
安い、包む	싸다	14, 44, 75, 89, 98, 124
休む	쉬다	13, 43, 46, 88, 104, 123
薬局	약국	34, 36
八つ	여덟	17, 62
山	산	16, 52

ゆ

U	유	71
遊園地	유원지	110
優雅	우아	8
夕方、晩	저녁	41, 52, 117
夕ご飯	저녁, 저녁밥	75, 96, 146
郵便局	우체국	34, 45
郵便ポスト	우체통	41
雪	눈	16, 97, 126
雪だるま	눈사람	97
譲る	양보하다	83
ゆっくり	천천히	87, 145
ユッケジャン	육개장	90
夢	꿈	107, 136

よ

良い、いい	좋다	37, 38, 44, 75, 84, 88, 98, 120, 124, 144
良いが	좋지만	37
用事	볼일	60
ヨガ	요가	25
預金	예금	137
よくできない	잘 못하다	101
横、隣	옆	64
予告	예고	12
四つ	넷	62
予備	예비	12
呼ぶ、歌う、お腹がいっぱいだ	부르다	85, 101
読む	읽다	17, 43, 46, 54, 88, 104, 111, 124, 145
より	보다	49
夜	밤	41
弱い	약하다	98
四十	마흔	62

ら

ラーメン	라면	55
来月	다음 달	60
来週	다음 주	60
ラジオ	라디오	9

り

理解する	이해하다	83
利子	이자	8, 137
龍	용	33
理由	이유	8
留学	유학	92, 106
流行	유행	81
寮	기숙사	45
量	양	124
両替	환전	61
両親	부모	73
良心	양심	81
料理(する)	요리(하다)	8, 25, 76, 81, 107
旅行	여행	25, 110, 112
リンゴ	사과	12, 66, 133

れ

0	영/공	58
冷静だ	냉정하다	70
礼節	예절	81
冷蔵庫	냉장고	32
来年	내년	60
冷麺	냉면	90, 109, 110
歴史	역사	50, 81
レストラン街	전문식당가	139
列車	열차	53
連絡	연락	71, 81

ろ

労組	노조	9
ローズデー	로즈데이	68
ローマ	로마	9
6	육	58
6月	유월	59
六十	예순	62
路地	골목	64
ロシア	러시아	9, 21
ロッテワールド	롯데월드	36

わ

Y	와이	71
わいわい	왁자지껄	130
ワインデー	와인데이	68
若い	젊다	16, 17
沸かす	끓이다	17
わかる	알다	80, 142
わざわざ	일부러	87
忘れられる	잊히다	37
忘れる	잊다	16, 82
私、僕、おれ、わたくし	나, 저	19, 21, 75
私たち	우리	8, 22, 125
私達	저희, 저희들	22
渡る	건너다	125
笑う	웃다	82, 94
ワラビ	고사리	76
割り算	나누기	65
割る、分ける	쪼개다	14
悪い	나쁘다	54, 84, 98
我々、われら	우리, 우리들	22

を

| を | 를/을 | 27 |

崔 瑞玹（チェ・ソヒョン）
韓国ソウル生まれ。
現在、岡山大学、岡山理科大学、専門学校ビーマックス、
ヒューマンキャンパス高等学校、倉敷市玉島北公民館、
倉敷市児島公民館、倉敷市阿知公民館、倉敷市倉敷西公
民館などで講師。

一人で学ぶ韓国語

2017 年　4 月　10 日　　初版発行
2025 年　3 月　25 日　　5 刷発行

著　者　　崔　ソヒョン
発行者　　佐藤和幸
発行所　　株式会社　白帝社
　　　　　〒171-0014 東京都豊島区池袋 2-65-1
　　　　　電話 03-3986-3271　FAX 03-3986-3272
　　　　　https://www.hakuteisha.co.jp
組版　　崔　貞姫
印刷・製本　　大倉印刷

表紙デザイン　崔　貞姫
イラスト　　　河村　彩乃

Printed in Japan〈検印省略〉　　ISBN978-4-86398-285-7

＊定価は表紙に表示してあります。
＊本書は著作権法で保護されています。
　無断で複製（写真撮影、コピー、スキャンを含む）することは禁止されています。